나는 행복을
가벼움에서 찾았다

– 인생의 지혜 1

인생의 지혜 1

나는 행복을
가벼움에서 찾았다

펴 낸 날 2024년 07월 17일

지 은 이 이 열
펴 낸 이 이기성
기획편집 서해주, 윤가영, 이지희
표지디자인 서해주
책임마케팅 강보현, 김성욱
펴 낸 곳 도서출판 생각나눔
출판등록 제 2018-000288호
주   소 경기도 고양시 덕양구 청초로 66, 덕은리버워크 B동 1708호, 1709호
전   화 02-325-5100
팩   스 02-325-5101
홈페이지 www.생각나눔.kr
이 메 일 bookmain@think-book.com

• 책값은 표지 뒷면에 표기되어 있습니다.
 ISBN 979-11-7048-732-6 (03190)

나는 행복을

무거운 시대의 행복론!

가벼움에서

찾았다

이 열 지음

성공하지 못해도 행복할 수 있다. 부자가 못 돼도 행복할 수 있다.
비결은 가벼워지는 것이다.

생각나눔

목차

제3부_ 가벼워야 행복하다

제4부_ 가벼워지는 법

무거운 시대의 행복론!

이 풍요의 시대에 우리의 마음은 무겁기만 하다.

뭔가를 이뤄서가 아니라, 지금 당장 행복할 수는 없을까?

저자는 평범한 노인이지만, 그의 삶은 평범치 못했다.

대기업 사원을 비롯해서 각종 외판원, 보험대리점, 영업점, 쇼핑몰 직원,

세차원, 행사 기획, 과외 교사, 학원 강사, 작가, 막노동까지, 파란만장한

삶을 살았다. 그런 다양한 경험과 지혜에서 나오는 잔소리를

인생총서에 담았다.

책상 앞의 이론이 아닌, 실제 삶의 현장에서 생생하게 체득한 것이기에

실질적이고 유용한 정보를 제공할 것이다.

제1부

가벼워야 산다

· · · · · · ·

성공하지 못해도 행복할 수 있다.
부자가 못 돼도 행복할 수 있다.
비결은 가벼워지는 것이다.

우리를
무겁게
하는 것들

1

닭장 속의 새

젊어서 그 친구는 활기가 넘쳤다. 눈은 빛나고, 입가에 마냥 미소가 흘렀다. 쾌활하게 웃으며 미래의 꿈을 말했다.

27년 후에 만났을 때, 그는 고급 차를 타고 왔다. 번지르르한 명함을 내밀었다. 젊었을 때의 해맑은 미소 대신 거드름이 핀 얼굴로.

27년 전에 원했던 것들을 그는 얻은 듯했다. 안정된 기반과 적절한 성공을. 그러나 동시에 그것들이 그를 옭아매고 있는 듯했다.

그는 왠지 무거워 보였다. 투명한 쇠뭉치들을 짊어진 듯.

하늘을 날던 새는 닭장 속의 살진 닭이 돼 있었다.

현대인은 무겁다.

풍요의 시대라지만, 풍요는 결단코 공짜가 아니다.

얼마나 비싼 대가를 우리는 치르고 있는가?

끝없는 스트레스, 치열한 경쟁, 수많은 번민, 피로와 불안….

우리의 모습을 보라.

무거운 투구와 갑옷으로 온몸을 감싸고서 느릿느릿 걷는다.

체면과 자존심과 등급을 지키기 위한 무장을 한시도 벗지 못한 채.

우리는 왜 이렇게 무거워졌는가?

숨을 헐떡이면서도 왜 무게를 벗지 못하는가?

이 과중한 무게는 과연 우리를 행복하게 했는가?

무게 싸움

그 배는 먼 항해를 떠났다. 각국을 돌아다니며 교역할 물자를 실었다.
항구를 하나씩 거칠 때마다 배는 무거워졌다.
선장과 선원들은 기뻤다. 떼돈을 벌 생각에.
그들은 계속 짐을 실었다. 갈수록 배는 무거워지고 느려졌다.
그러다 얕은 풍랑을 만났는데, 그걸 못 견디고 배는 침몰해버렸다.

세상은 체급 싸움이다. 기업이든 개인이든 크고 무거워지려고 든다.
무게가 주는 이점은 크다. 무게는 힘과 안정을 준다.
그러나 무게가 주는 문제도 많다.
너무 무거우면 기동성이 떨어지고, 변화에 대처하기 어렵다.

하지만 우리는 끊임없이 긁어모은다.
모두가 커지기 경쟁에 미친 것 같다.
삶의 목적은 남보다 비싼 것을 사는 것이다.

작은 차를 타는 자는 작은 사람이다.
저렴한 핸드폰을 쓰는 자는 저렴한 인간이다.
은행은 내가 아닌, 내 자산을 가지고 내 등급을 매긴다.

작아짐의 공포가 우리를 대식가로 만든다.
커질수록 무거워진다는 사실을 우린 모른다.
내 무게가 나를 누르고, 내 소유가 나를 가진다.

학원장의 꿈

나는 무게를 키우다가 망하는 경우를 많이 봤다.

살이 찌면 가장 먼저 나가는 게 무릎이다. 자신의 무게를 자신의 몸이 견디지 못하는 것이다.

내 능력보다 커지면, 그것은 나를 무너뜨린다.

몇 군데 학원에서 강사를 했던 적이 있다. 수학을 가르쳤다.

그때 보았던 학원장의 얘기다. 그는 학원을 하나 더 차렸다. 부족한 자금은 대출을 받았다. 그러면서 또 3호점을 준비했다.

그 학원장은 유능했고, 우수한 강사였으며, 야심가였다.

하지만 학원 운영은 쉬운 일이 아니다. 3개의 학원을 성공시키려니 너무 바빴고, 거의 쉬지를 못했으며, 대출 이자의 압박을 받았다.

결국, 그는 지칠 대로 지쳐서 학원을 매각했다. 과로와 자금난, 타 학원과의 경쟁 등이 그의 발목을 잡았던 것으로 안다.

너무 성급한 확장이었다. 그는 자신의 무게를 재지 않았다.

누구에게나 '허용 중량'이 있는 법이다.

끝없는 확장의 욕구도 우리를 무겁게 하는 것 중 하나다.

일률적으로 말할 순 없다.

무게도 필요하다. 규모의 힘이 중요한 분야가 있다.

단, 모르지 마라. 크고 높은 게 꼭 좋지만은 않다는 것을.

소유는 무겁다

· · · · ·

차를 처음 샀을 때, 너무 편하고 좋았다.

그러나 곧 좋은 것만은 아님을 깨달았다. 번거로운 일들이 생겼기 때문이다. 우선은 구입하자마자 부동액이 새서 정비소에 가야 했다.

그 후로도 자잘한 고장들이 있었고, 어떤 고장은 수리가 잘되지 않아 고생해야 했다. 그뿐인가? 주기적으로 세차하고, 오일과 소모품을 교체하고, 정기 검사를 받아야 했다.

자동차세와 보험료라는 새로운 지출이 생겼고, 유가가 오르면서 연료비의 부담까지···.

게다가 몇 번의 사고를 당했다. 경미한 사고들이긴 했지만, 시간과 비용을 썼고 스트레스를 겪었다. 운전할 때마다 사고가 나지 않도록 집중하는 것도 스트레스였다.

차가 없다면 겪지 않았을 일들이다.

소유는 능력이다. 소유는 기쁨이다.

그러나 소유는 우리를 무겁게 한다.

재산이 있는 자는 재산을 관리하고, 명성을 얻은 자는 그 명성을 지켜야 할 부담이 생긴다.

소유는 많은 이점을 주지만, 동시에 수십 가지의 골치 아픈 문제들을 선사하는 것이다.

가볍게 살기를 원한다면, 소유에 너무 집착하지 마라.

소유는 필요하지만, 동시에 많은 문제의 근원이 된다.

허욕의 무게 ......

우리나라의 가계부채는 국내총생산보다 많다.

그 비율은 2022년 IMF 통계에서 108%로, OECD 국가 중 2위.

특히 20대 청년층의 연체율은 6.9%로, 이는 꽤 높은 수치다.

(2023년 전반기 저축은행)

국민 대다수가 빚더미에 앉아있는 것이다.

연체가 많은 원인은 상환능력을 상회하는 대출이라고 한다.

부채의 한 이유로는 과소비가 꼽힌다. 가상화폐나 부동산으로 대박을 노렸다가 빚을 진 경우도 많다고.

많은 사람이 자신의 능력 이상을 원한다는 얘기다.

어떻게 능력 이상을 원할 수 있다는 말인가?

허영심 및 비교의식을 빼놓을 수 없다. 큰 집을 사려고 과도한 대출을 받고, 명품을 사려고 카드를 한도까지 긁는다.

20대 청년이 외제 차를 샀다가 할부금을 갚느라 허덕이는 것을 봤다. 약혼자가 있는데 결혼 자금을 모으지도 못했다.

자신의 능력 안에서 소유하고 만족함이 행복이다.

그러나 우리는 가진 것에 절대로 만족하지 않는다. 자꾸 남과 비교해서 스스로 불만족에 빠지기 때문이다.

비교에서 나오는 허욕도 우리의 마음을 무겁게 한다.

그 허욕을 다스리지 않으면, 그대는 가벼워질 수 없다.

목표의 무게

부자들에게는 재산을 지키고 관리하는 게 큰일이다.

돈이 좀 있는 친구가 있었는데, 늘 어디에 투자할까 고민했고, 툭하면 주식과 펀드에서 손해를 봤다며 투덜댔다.

그런데도 우리 같은 서민은 그런 부자를 꿈꾼다. 대저택에서 멋진 차를 굴리며 사람들의 융숭한 대접을 받는 꿈을 말이다.

문제는 그런 꿈도 우리를 무겁게 한다는 사실이다.

실제 소유만이 우리를 무겁게 하는 게 아니다.

소유를 향한 꿈도 우리를 무겁게 한다.

꿈이 다 나쁘다는 게 아니다. 꿈이 없다면 어떻게 고달픈 현실을 견디겠는가?

그러나 허황된 꿈은 다르다. 그것은 우리의 힘과 시간을 낭비한다.

냉철하게 말해서, 우리 중 몇이나 그런 꿈을 이룰 수 있을까?

가벼운 삶을 원한다면, 삶의 목표를 조정하라.

현실적으로 불가능한 목표는 과감하게 버려라.

목표는 우리를 목표에 종속시키고, 삶의 여유를 앗아간다.

내면의 무게들 $\cdots\cdots$

물질만이 무게는 아니다.
욕심 근심 집착도 우리를 무겁게 한다.
눈에 보이지 않음에도, 그것들이 훨씬 무겁다.

미국의 단편소설인데, 제목은 기억나지 않는다.
의사가 숲속의 오두막을 방문한다. 그 집의 여자가 아팠기 때문이다.
의사는 그곳에서 즉시 수술을 시작한다.
마취제가 없었기에 고통스런 수술이었다. 여자는 수술을 받으며 울부짖고, 그녀의 남편이 애태우며 그 모습을 지켜봤다.
길고 끔찍한 수술이 끝났을 때, 남편의 시신이 발견된다.
아내의 비명 소리를 견디다 못한 남편이 스스로 목숨을 끊은 거였다.

수술을 받은 것은 아내였다. 고통스러운 것은 아내였다. 비명을 지른 것은 아내였다. 그러나 죽은 것은 남편이었다.
아내는 육체적 고통이고, 남편은 정신적 고통이다.
이 소설은 정신적 고통이 육체적 고통보다 크다는 사실을 말한다.

가볍게 살려면, 마음의 무게를 다룰 줄 알아야 한다.
마음의 무게만 줄여도 어찌나 가벼운지!
그 방법은 뒤에서 소개한다.

가벼운
삶이란?

정신이 건강한 삶

2016년 조사에 따르면, 고소득자가 저소득자보다 스트레스를 더 받는 것으로 나타났다.

심한 스트레스를 받는 비율은 월 소득 2백만 원 미만이 27.8%인 반면, 6백만 원 이상의 고소득자는 37.9%나 됐다.

소득이 높으면 걱정 없이 살 것 같지만, 실제는 달랐다.

소득이 높아도 마음이 괴롭다면, 행복하기 힘들 것이다.

서울시민의 스트레스 인지율은 24%로, 전국 22.7%보다 높았다.

인천시민의 우울감 경험률은 8.3%로. 전국 7.3%보다 높았다.

(2022년 통계 / 조율 기준)

서울과 인천은 경제력이 높은 곳이다. 그러나 정신 건강까지 좋은 것은 아니었다. 시민들의 삶은 치열하고 각박함을 알 수 있다.

살면서 스트레스가 없을 순 없다.

하지만 스트레스를 받으려고 사는 것은 아니다.

스트레스와 우울증에 시달린다면, 고소득이 무슨 의미가 있겠는가?

가벼운 삶은 정신의 건강을 중시한다.

스트레스를 낮추기 위해, 기대치를 낮추기도 한다.

마음의 평안이 행복의 기본이기 때문이다.

자유를 위한 균형

마음의 행복은 중요하지만, 마음만으로 행복할 수는 없다.
생명은 육체가 있고, 따라서 육체의 필요를 채워야 한다.

과도한 소유로 무거워지지 말라는 거지, 가난하게 살라는 게 아니다.
마음을 비우고 지갑을 비운다면, 그대는 가벼워지기는커녕 도리어 무
거워질 것이다.

고로 가벼운 삶은 균형을 지향한다.
물질과 정신의 균형, 현실과 이상의 조화를.
그 최적의 가벼운 상태를.

가벼운 자는 극단으로 치닫지 않는다.
극단주의는 반드시 자유를 침해한다.
새는 하늘을 날기 위해 땅으로 내려온다.

가벼운 삶을 원한다면, 극단에 치우치지 마라.
자유를 원한다면, 하늘과 땅을 모두 사랑하라.
하늘만 사랑하는 새는 오래 날지 못한다.

실제 필요에 맞추는 삶

과외 교사를 할 때였다. 한 학생이 대형 아파트에 살았다.

평수는 정확히 모르겠으나, 상당히 넓었다. 화장실이 3개였고, 뒤쪽으로 들어가면 방이 또 있고, 수납공간들이 더 있었다.

과외를 가르치러 갈 때마다 그런 생각이 들었다.

'이 넓은 집을 어떻게 청소하지?'

실제로 학생의 모친은 청소를 하고 있을 때가 많았다. 파트타임 가사 도우미를 쓰는데도 그랬던 것이다.

세 식구에게는 너무 넓다는 생각이 들었다. 3명에게 저런 넓은 집이 필요할까? 관리하기만 힘들 텐데.

그래도 여유 있는 게 좋다고 할지 모른다. 투자의 가치도 있고.

그러나 가벼운 삶은 '넓은 집'보다 '적당한 집'을 택한다.

그리고 나머지는 생명의 활동에 투자한다.

가벼운 삶은 실질적 생명의 감각을 즐기기 때문이다.

필요치를 넘지 마라. 나머지는 짐이다.

그리고 생명 자체를 즐겨라. 그러려고 가벼운 것이다.

기본적인 필요치를 확보하라.

거대 문명과 복잡한 관계는 우리를 무겁게 얽어맨다.

그럼 가벼운 삶은 문명에 반대하며 원시로 회귀하는가?

그렇지 않다. 문명의 혜택을, 가벼운 삶은 거부하지 않는다.

한때 방글라데시와 네팔, 부탄 등의 빈국들이 행복지수는 높다는 말이 있었다. 비록 가난하게 살지만 경쟁이 적고, 돈독한 유대감과 만족하는 마음 덕에, 세계에서 가장 행복한 국가라고.

우리나라 선교 단체가 그런 지역에 의료봉사를 많이 간다. 수많은 병자가 몰려온다. 그중에 한 노파는 치통을 앓고 있었다. 우리나라에서는 아주 쉽게 치료할 수 있는 질환이었다.

나는 그 노파의 사례를 듣고 충격을 받았다. 그 간단한 치료를 받지 못해 수십 년간 잠도 못 자고 고생했다니!

과연 그런 나라를 행복하다고 할 수 있을까?

능력이 없으면 자유도 없다. 그리고 부는 능력의 하나다.

소유가 빼앗는 자유도 있지만, 소유가 주는 자유도 있는 것이다.

고로 가벼운 삶은 무소유(금욕)를 지향하지 않는다.

무소유는 우리를 가볍게 하는 방법이 아니다.

현실적으로 불가능할 뿐 아니라, 무소유는 자유를 방해한다.

필요치보다 적은 소유는 또 하나의 속박일 뿐.

두 맞벌이 부부의 여유 · · · · ·

A 부부는 아주 고소득은 아니지만, 직업이 안정적이고 벌이가 좋은 편이다. 생활 수준도 높다. 가전제품을 사더라도 고급형을 산다. 주변인들의 수준에 맞추려면 그럴 수밖에 없을 것이다.

그런데 의외로 힘들게 산다. 일을 많이 하고, 은근히 아껴 쓰고, 여행도 자주 가지 않는다. 각종 보험과 연금으로 나가는 돈도 상당하다. 가장 큰 지출은 유학 간 아이들 학자금이다.

B 부부는 평범한 서민층이다. 소득은 중하위권으로 보인다.

생활 수준도 그다지 높지 않다. 연립주택에서 소박하게 산다.

부부가 함께 여기저기 놀러 다닌다. 면 요리를 좋아해서 맛집을 찾아다니고, 쉬는 날이면 지방 축제에 놀러 간다.

A 부부는 많이 버는 만큼 많이 나간다. 그래선지 소득에 비해 그리 여유롭게 산다는 느낌을 받지 못했다.

B 부부는 미래가 크게 나아지진 못할 것이다. 하지만 굉장히 낙천적이다. 작은 소득으로도 참 재미있게 산다.

내가 두 부부의 사정을 다 알지는 못하지만, 삶의 여유라는 측면에서 보면 별 차이가 없어 보였다. A가 와인을 마실 때 B는 막걸리를 마시고, A가 백화점 갈 때 B는 시장에 갈 따름이다.

'여유' 하면 우리는 무조건 고소득을 떠올린다.

하지만 얼마나 버느냐 못지않게 어떻게 쓰느냐도 중요하다.

능력에 맞춰서 소비하고 만족하며 사는 것이 진짜 여유일지 모른다.

현실적 자유

현대인의 꿈은 높은 가격대를 선택할 수 있는 자유다.
그것은 정치적 자유나 정신적 자유보다 중요하다.

대입 때, 내가 원했던 과는 따로 있었다. 하지만 그 분야에서 전문가가
되려면 해외 유학이 필수였다. 나는 유학 갈 형편이 못됐다.
더욱이 나는 대학생 때부터 가족의 생계를 책임져야 했다.
결국, 나는 그 과를 포기하고 다른 과로 진학했다.

현대의 자유는 경제력에 좌우되는 것이다.
경제력이 없다면, 그대는 원치 않는 선택을 하면서 살게 된다.

돈으로 살 수 있는 최상품은 자유다.
고로 기본적인 경제력을 갖춰라. 자유도 돈으로 사야 하는 상품이다.
가벼운 삶은 자유를 추구하지만, 그것은 형이상학적 자유가 아니라
현실적 자유다.

가벼운 삶은 현실을 무시하지 않는다.

무책임한 삶이 아니다

어릴 적 친구의 부친은 놀기를 좋아했고, 음주가무에 능했다.
그래서 집에 붙어있지 않고 늘 돌아다녔다.
참 자유분방하게 사셨던 분이다. 얽매이지 않고 자유를 즐기셨다.
덕분에… 그의 가족은 생고생을 해야 했다. 부인 혼자 힘겹게 아이들
을 키웠고, 가난했던 아이들은 정식 교육을 제대로 받지 못했다.

그것은 자유로운 삶이 아니다. 무책임한 삶일 뿐이다.
가벼운 삶이란 그런 무책임한 삶을 말하는 게 아니다.
무책임과 자유를 구분하라.

가정과 사회의 책임을 다하라.
가벼운 삶은 무게로부터의 도피가 아니다.
무게 속의 가벼움이다.

풍선에게서 배워라.
풍선은 중력장 안에 있다.
심지어 날개도 없고, 날갯짓도 하지 않는다.
그럼에도 풍선은 가벼움의 힘만으로 떠오른다.

향유하는 삶

혼자서 10인분을 시키는 바보가 있을까?
우리 모두가 그런 바보들이다.
다 쓰지도 못할 부를 꿈꾸지 않는가?

하지만 개인이 누릴 수 있는 분량에는 명백한 한도가 있다.
그 이상의 소유는 우리를 무겁게 할 뿐이다.

모든 부는 잉여의 축적이다.
가벼운 시각에서는, 감각의 한도를 초과한 보유는 낭비다.

무거운 자들은 잉여를 자랑한다.
그러나 가벼운 자들에게 잉여는 실패이자 수치다.
가벼움의 목표는 최대의 소유가 아닌 최대의 향유이기 때문이다.
소유보다 향유, 축적보다 활용이다.

진정한 부는 소유가 아니라 활용에 있다.
소유보다 향유의 양을 늘려라.

> "돈이 없는 것은 슬픈 일이다.
> 하지만 남아도는 것은 갑절로 슬픈 일이다."
> - 톨스토이

소유보다 향유

· · · · ·

소유의 목적은 향유다.

그러나 소유가 곧 향유는 아니다.

소유를 다 누리지 못하고 죽는 사람도 많다.

가벼운 자는 소유보다 향유를 추구한다.

향유하지 않는 소유는 무의미하다.

물론 소유에는 여러 목적이 있다.

그러나 소유의 1차 목적은 향유다.

그 기본 목적에 충실함으로써, 소유의 가치를 극대화하라.

- 저축보다 소비가 현명하다(즐길 수 있을 때 즐긴다.).
- 불확실한 미래보다 확실한 현재에 투자한다.
- 규모를 키우기보다 자유도를 높인다.
- 인생은 결국 느낌이다.

본질에 충실한 삶 　　　　　· · · · ·

물론 소유가 있어야 향유도 있다.
그러나 우리는 필요 때문에만 소유하는가?
얼마나 많은 소유가 과시와 허영을 위해 허비되는가?

우리가 소유에 집착하는 이유 중 하나는, 그것이 능력을 쉽게 드러내는 지표이기 때문이다.
물질의 노예로 살지 않으려면, 과시욕이나 무능하게 보일 것에 대한 공포에서 벗어나야 하는 것이다.

체면, 경쟁심, 비교에 대해 자유하라.
아니면 그대는 행복의 껍질만 핥다가 죽을 것이다.

가벼운 삶은 세상의 시선으로부터 자유롭다.
그리하여 가식이 아닌, 진정한 행복을 추구한다.

실질적 행복

현대인이 추구하는 것은 행복이 아닌, 행복한 모양새다.
그것은 빵 대신에 빵의 포장지를 먹는 짓과 같다.
그러니 늘 허기질 수밖에 없는 것이다.

내 친구의 동서가 돈을 잘 번다. 생신 선물로 장인에게 해외여행을 보내
줄 정도. 평범한 선물뿐인 내 친구는 기가 죽는다.

그런데 얼마 전, 동서가 사업이 망하게 됐다며 장인에게 담보대출을
부탁하더란다. 그간 받은 게 많으니, 장인은 이러지도 저러지도 못하고
고민에 빠졌다고.

사위들을 비교하는 장인도 문제지만, 그런 것에 흔들리는 친구도 문
제다. 세상의 오류를 지적하는 자는 많지만, 세상의 오류에 굳건히 맞
서는 자는 보지 못했다.

결국, 진정한 행복이란, 자신의 능력에 맞는 실질적 행복이다.
그것은 세상의 평가에서 벗어날 때 가능하다. 항상 본질을 보라.
선물은 장인을 위한 것인가, 본인의 자존심을 위한 것인가?

한 문방구 주인을 알고 있다.
꼬마들의 코 묻은 돈으로 먹고사니, 무슨 자긍심이 있겠는가?
하지만 나는 그보다 자신감 넘치는 이를 본 적이 없다.
그는 내게 이런 말을 던지곤 했다.
"못생겼어도 얼굴 들고 다녀라. 잘 생기라고 있는 얼굴 아니다."

생명을 만끽하는 삶 ......

나비가 발견한 것은 꿀이 가득한 꿀단지였다.

꿀단지 안에서는 힘들게 날아다닐 필요가 없었다.

그 날도 배불리 꿀을 먹었건만 나비는 문득 부족함을 느꼈다. 그것은 달콤한 꿀로도 채울 수 없는 허기였다.

나비는 접었던 날개를 다시 펴고 날아올랐다.

꿀단지를 빠져나오자 하늘과 태양과 구름이 펼쳐졌다.

찬란한 햇빛과 상큼한 바람 속에 나비는 행복을 느꼈다.

그제야 나비는 깨달았다. 나비는 날지 않고는 살 수 없음을.

우리가 잊고 있는 사실, 우리는 생명이라는 사실이다.

나비가 꿀만으로 살 수 없듯, 인간도 물질만으로는 행복할 수 없다.

그러나 현대인은 물질이 됐으며, 생명의 기쁨 대신 소비의 기쁨을 택했다. 힘차게 페달을 밟으며 자연을 달리는 즐거움보다, 고가의 카본 자전거를 소유하는 우쭐함을 선호하는 것이다.

우리는 생명답지 않다. 끝없는 욕구와 과도한 업무, 각종 스트레스로 생기를 잃고, 생명의 눈부심도 없다.

그러나 생명은 살아있다. 그리고 살아있어야 한다.

가벼운 삶은 생명의 자유와 활력을 추구한다.

생명력을 느끼며 생생하게 살아있음을 희구한다.

가벼운 삶의 특징

가벼운 삶에는 2가지 특징이 있다.
〈자유로움 / 자연스러움〉

– 목표에 묶이지 않는 자유로운 삶
– 자기를 개조하지 않고 본성에 충실한 자연스러운 삶

전자는 외부에 대한 태도, 후자는 내면에 대한 태도다.
가벼운 자는 자유를 중시하며, 본성을 수용한다.

성공을 위해 자신을 억압하고 혹사하기보다, 인생의 순간들에 반응하여 시간 속에 타오르며 생명의 감동을 구가한다.
삶의 주변부에서 투덜댈 시간에, 인생의 중심부를 흔연히 관통한다.
인생의 역겨움에 대해서도 자유롭기 때문이다.

가벼운 자는 자신과 싸우지 않는다. 자신을 바꾸지 않기 때문이다.
다만 그는 씨앗이 줄기를 올리듯 비와 햇살에 젖는 야성에 자신을 내던진다. 심지어 그는 자신으로부터도 자유롭기 때문이다.

어째서
가벼워야
하는가?

무게에 지쳤다

＇＇＇＇＇

너무 많은 것들을, 우리는 짊어지고 있다.

끝없는 의무, 수많은 규정, 짜증 나는 문제들, 가지고 싶은 것들, 해 보고 싶은 것들, 이루고 싶은 것들….

삼촌 한 분이 자살로 생을 마쳤다. 청산가리를 마셨으며, 내장이 다 녹아내린 상태에서 한 달을 신음하다 돌아가셨다.

그때의 충격을 잊지 못한다.

수개월 전부터 그런 말을 하셨다고 한다.

"사는 게 지긋지긋해. 숨이 막혀."

삼촌은 삶에 대한 환멸에 빠지셨던 것 같다.

얼마나 삶이 끔찍했으면 차라리 끔찍한 죽음을….

존재 자체가 무거운 무게다.

현대 사회는 거기에 치열한 경쟁과 끝없는 욕망을 더한다.

숨이 막힌다.

그런데 새로운 움직임이 나타나고 있다.

큰 성공과 재물보다 자유와 여유를 즐기자는 생각이다.

사람들은 세상의 무게에 지친 것이다.

진짜 행복을 묻다 ·····

우리는 평생을 많이 벌고, 많이 사는 일에 바친다.
우리의 마음은 욕구와 욕구불만 사이를 오가는 왕복선이다.
우리의 머리는 수많은 목표로 분주하다.

세상은 너무 크고 복잡하고 무겁다.
우리는 그 미로 속을 헤매는 생쥐.
인간은 진열대에서 경쟁하는 상품들이다.

사람들은 이제 질문하기 시작했다.
"나는 과연 살아있나?"
"진짜 행복이 뭐지?"

그것은 한 가지로 귀결된다.
"나는 정말 인간인가?"

> "사람들은 온갖 쓸데없는 것들을 생각한다.
> 하지만 인간답게 살기 위해 무엇이 필요한지는 생각하지 않는다."
> - 파스칼

새로운 인간의 조건 · · · · ·

광고에 나오는 가전제품에 둘러싸인 거실에서 한강의 야경을 내려다
보며 우아하게 와인을 마셔야 인간인 것 같다.
그럼 … 아마존의 원주민은 인간이 아닌가?

우리는 더 이상 광고에 속지 않는다. 속을 만큼 속았다.
더는 소비 경제의 도구로 전락하지 않겠다.
이제는 우리가 소비의 주인이다.
말인즉, 진실로 인간답게 살고 싶다.

예전에는 많이 갖고 큰 집에서 살면 인간답다고 생각했다.
그러다 보니 돈을 버느라 삶을 즐기지 못했다.
그래서 도리어 인간다움에서 멀어졌다.

하지만 이제는 다르다. 소유가 인간의 조건이 아님을 안다.
생명을 느낄 수 있는 시간적 정신적 여유가 중요하다.
조금 적게 벌더라도 내 시간을 갖는다.
불확실한 미래에 행복을 걸지 않고, 현재를 만끽한다.
그리고 당당하게 자신의 방식을 즐긴다.

복잡함에 대한 환멸

귀농을 하려는 분을 만난 적이 있다.
"단순하게 살고 싶어서."라고 했다.
직장생활을 하던 분인데, 복잡한 도시 생활에 지친 듯했다.

현대 사회는 복잡하다. 우리의 마음은 더 복잡하다.
마음이 복잡한 이유는 욕심 탓이다.
많이 원하면 많이 복잡해진다.

하지만 사회는 우리의 욕구를 끊임없이 자극한다.
현대 사회는 절제와 만족보다, 욕구와 불만족에 기생한다.
줄기차게 불만족을 생산하는 광고를 보라.
그 결과 현대인은 모두 불만족 환자다.

사람들은 지쳤고, 단순함의 가치를 깨닫기 시작했다. 자본주의의 소
모품으로 전락하기를 거부하며, 단순하고 활기찬 삶을 원한다.

상황의 변화

현대 사회는 새로운 신분제에 돌입했다.
신분이 세습되고, 신분 상승은 제한된다.
대박이 불가능하진 않지만, 가능성은 희박하다.
신분 상승을 꿈꾸던 시대는 지났다.
일상의 행복이 중요해졌다.

성장기는 끝났고, 불경기가 지속된다.
'소유보다 향유'는 이런 추세와 무관치 않다.
소유를 늘리기 힘드니, 가진 것을 최대한 뽑아먹자는 것.

무거운 공룡은 멸종하고, 가벼운 도마뱀은 살아남는다.
불황기다. 군살 빼기를 해야 한다. 가벼워야 산다.

규모를 쫓던 시대는 끝났다. 이제는 규모보다 효율이다.
사람들의 전략도 변했다. 효율성을 높여서 최소의 비용으로 최대의
결과를 얻고, 알차게 인생을 즐기자는 것.

신세대의 전략

뜻밖에 신세대는 과소비를 하지 않는다.

최근의 분석에 따르면, 청년층은 알뜰 소비를 하는 것으로 나타났다. 가성비를 따지며 최저가를 찾는다.

동시에 모순을 보인다고 한다. 좋아하는 것이면 돈을 아끼지 않는다고. 돈을 모아 명품을 사고, 해외여행을 떠난다.

돈을 아꼈다가 원하는 일에 쓰는 것이다.

신세대는 자신에게 투자하지만, 흥청망청은 아니다.

절약과 소비를 적절하게 구사할 줄 안다.

외국도 비슷하다. 중국의 사례를 보자.

중국의 중앙인민은행은 2022년 중국의 예금액이 최대치를 기록했다고 발표했다. 특히 청년층의 저축률이 급증했다는 조사가 나왔다.

경제위기에 따른 불안 심리가 원인으로 분석됐다.

신세대는 바보가 아니다. 아무 생각 없이 사는 게 아니다. 미래를 걱정하고, 미래에 대한 대비도 한다.

인생을 즐기겠다는 마인드지만, 현실을 직시하고 있으며, 허황된 꿈보다 합리적 목표를 세운다.

그런 모순적 균형이 미래의 표준적 삶이 될 것이다.

즉흥적이면서도 계획적이고, 소비를 즐기면서도 실속을 차리는.

마인드의 변화 · · · · ·

조카 부부가 호주에 산다. 맞벌이다.

거기는 주급제라서 매주 봉급이 나온다.

집세와 생활비를 **빼고** 나머지는 우선적으로 즐기는 데 쓴다. 주말마다 가족이 외식하거나 캠핑을 간다.

돈을 따로 모으는데, 그 목적이 다르다. 해외여행을 위해서다.

가족이 매년 해외여행을 떠난다.

내 젊은 시절과는 많이 다르다.

우리 때는 죽도록 일했다. 하루도 야근이 없는 날이 없었다.

최대한 쓰지 않고 저축했다. 많이 모아서 집을 사고 가세를 늘릴 생각밖에 없었다. 나 같은 구세대는 공감할 것이다.

구세대는 삶을 즐기지 못했다. 기껏해야 퇴근 후에 소주 한 잔?

그러나 신세대는 다르다. 즐기는 게 먼저다.

저축을 안 하지는 않는다. 조카 부부도 자녀 교육비를 저금한다. 호주는 사립학교의 학비가 세다.

하지만 꼭 필요한 저축만 하며, 우리 때처럼 허리띠를 졸라매지는 않는다. 확실히 다르다. 우선순위가 다르다.

시대가 변하며 상황이 달라졌고, 인생관도 바뀌었다.

거창한 삶이 현실적으로 어렵다는 사실을 그들은 안다.

그래서 위를 보지 않고, 옆을 본다.

낮은 곳의 낙원

구름 위에 낙원이 있다고 했다.

새들은 구름을 향해 날아올랐다. 구름 위의 낙원을 향해.

하지만 구름은 너무 높았다. 많은 새들이 지쳐서 떨어졌다.

성공한 새도 있었다. 그 소수의 새들은 구름 위에서 빛났다.

참새도 그렇게 되고 싶었다. 그래서 구름을 향해 열심히 날개를 쳤지만, 힘이 빠져 추락했다. 그런데 옆을 보니 숲이 있었다.

참새는 숲으로 날아갔다. 위로 오르는 건 힘들었지만, 옆으로 나는 것은 힘들지 않았다. 비행 자체의 즐거움을 느낄 수 있었다.

그때부터 참새는 구름을 포기하고 숲속을 날아다녔다.

선배 새들이 기겁하며 꾸짖었다.

"편하면 안 돼. 편한 것은 얻는 게 없어!"

"힘들지 않으면 안 돼. 힘들어야 열매를 거두니까!"

"옆으로 가면 제자리야. 발전이 없잖아!"

하지만 참새는 즐겁게 지저귀며 신나게 숲속을 날아다녔다.

위가 막혔다면 옆을 보라.

왜 위로 오르려고만 하는가?

구름 위의 새가 숲속의 새보다 행복하다는 보장이 있는가?

수평의 세계관 . . . . .

정상에 올라야 넓게 볼 수 있다고 한다.
그런데 넓게 보면 뭐하나? 보기밖에 못 하는데?
저 아래의 넓은 벌판을 만져볼 수나 있나?
정상에서 손을 뻗다가 떨어져 죽으라고?
그 넓은 세계를 뛰어다니며 누리는 건, 낮은 곳에 있는 토끼다.
생명에게 좋은 넓은 세계는 낮은 곳에 있는 것이다.

신세대가 구세대와 다른 점은 옆을 본다는 사실이다.
나 같은 구세대는 위만 보며 살았다.
그러나 신세대는 다르다. 그들은 위를 올려다보지 않는다.

물론 그들도 승진하고, 연봉을 올리고, 소득을 높이기 원한다.
그러나 거기에 올인하지는 않는다. 그들은 옆도 본다.

위로 오르는 것은 많은 힘을 소모한다. 중력에 역행하기 때문이다.
남는 장사가 아니다. 얻는 만큼 잃는 것도 많아서다.
게다가 높을수록 경쟁이 치열하며, 성공률은 급격히 줄어든다.

이에 신세대는 수평의 세계로 눈을 돌렸다.
수평의 세계관이 번지면서 사회 전반이 바뀌고 있다.

낮지만 넓은 세계

산은 오를수록 좁아진다.
반대로 내려가면 넓어진다.
즉, 넓다는 것은 낮다는 뜻이다. 그래서 인기가 없다.
그런데 추세가 변하기 시작했다.

여전히 많은 사람들이 높이를 좋아한다. 높은 곳을 동경한다.
높이가 주는 힘과 보상 때문이다.
그러나 그만큼의 혹독한 대가를 요한다는 사실을 그들은 모른다.

정상은 좁다. 그래서 박 터지게 싸워야 한다.
심지어 정상에 오른 후에도.

구름 위에서는 더 빨리 날개를 쳐야 한다.
구름은 엉성해서 가만있으면 떨어지기 때문이다.
구름 위에 올라가서도 쉴 수가 없는 것이다.

경쟁의 한계에 마주치자 사람들은 생각하기 시작했다.
낮은 곳에는 못난 것만 있을까? 좋은 것은 없을까?
그리하여 그들은 정상에는 없는 넓이를 발견한다.

낮은 세계는 낮지만, 넓이라는 엄청난 매력을 갖고 있다.

수평의 행복

행복이 힘들어진 이유는
높아져서 행복하려고 하기 때문이다.

그러나 높아지는 게 쉬운 일인가?
그 확률이 얼마나 될까.
대다수가 꿈만 꾸다 죽는다.

그럼 우리 서민들의 행복은?
높이의 허욕에서 벗어나라.
현재의 위치에서 행복을 찾는 것이다.

수직의 행복은 미래의 행복이다. 올라가야 맛볼 수 있다.
수평의 행복은 현재의 행복이다. 지금 당장 맛볼 수 있다.

알아서 택하라. 수직이냐 수평이냐.

수직에서 수평으로

넓이에 눈뜬 자들은 수평의 세계를 탐색하기 시작했다.
그곳은 평등했고, 평온했고, 열려 있었다.
정상에는 없는 안식이 있었다.

그곳에서는 견제나 위선이 필요 없었다.
서로 진실한 심장과 따스한 눈빛으로 만날 수 있었다.
그곳은 수평이었기 때문이다.

싱그러운 자유가 있고, 피 냄새가 나지 않았다.
그곳은 넓었기 때문이다.

위로 오르는 시대는 지났다. 이제는 옆으로 간다.
위로 오르면 힘들지만, 옆으로 가면 즐겁다.
즐길 게 훨씬 많다.

높은 곳만 보지 말고, 넓은 곳도 바라보라.
거기에 수평의 안식이 있다.

어릴 때의 행복처럼 ·····

수직도 중요하다. 경쟁도 필요하다.
그런데 수직에 매몰되면, 안식이 없다.
높이 오르는 것만이 수직의 안식이기 때문이다.

현대인이 불행한 이유는, 수직의 행복밖에 모르기 때문이다.
심지어 친구의 명품백 때문에 불행해진다.

어릴 때의 행복을 떠올려보라.
엄마가 부를 때까지 친구들과 뛰어놀던 시절을.
바로 그런 것이 수평의 행복이다.

수평의 행복을 회복하라.
그 순수한 행복을….

행복의 비결은 십자가다

성공과 무관하게 행복하려면, 수평적 관계가 중요하다.

수평적 관계가 돈독해야 사람은 자기 존재의 가치를 느끼며, 그것이 행복의 근간이 된다.

그러나 현대인은 수평적 관계에 취약하다.

성공해도 공허와 환멸을 느끼는 이유다.

십자가처럼, 수직과 수평이 조화를 이뤄야 한다.

수직과 수평은 대립인 것 같지만, 사실은 협력 관계다.

탑을 높이 쌓으려면 뭐부터 해야 할까?

밑바닥을 넓혀야 한다.

밑바닥이 좁으면, 높이 쌓을 수 없다.

수직만 추구하면 오히려 높이 오를 수 없다.

높이 오른 사람은 수평과 수직을 결합한 자다.

높이를 원한다면, 수평적 관계도 중시하라.

조건이 없는 행복

수직의 행복은 조건부 행복이다.
반면에 수평의 행복은 그 자체로 행복을 준다.
수평의 행복으로 충만하면, 성공하지 못해도 행복한 것이다.

고로 수평적 관계를 귀히 여겨라.
승진을 위해 직장 상사에게 잘 보여야겠지만, 행복을 위해서는 일상
의 평범한 주변인들이 중요한 것이다.
가족이라고 함부로 대하지 마라. 친구라고 가벼이 여기지 마라.
아무 조건 없이 너를 사랑하는 존재들을.

수평적 관계가 무너진 자는 그 무엇으로도 행복할 수 없다.
수직 상승했으면서도 수평의 행복은 결여된 사람이 많다.
그런 이들의 행복은 쓰다.

성공과 돈을 요구하지 않는 행복,
수평의 행복이 모든 행복의 기초다.

또 다른 삶의 방식 ·····

정상은 위태롭고 외롭고 삭막하다.
물론 정상에는 높은 보상과 영예가 따른다.
높은 곳이 좋다면 도전하라. 그만한 가치가 있다.

단, 그때도 넓이의 가치와 매력을 기억하라.
수평적 관계와 자잘한 일상의 행복들을.
중력과 싸우지 않아도 되는 세계를.

낮은 곳도 장점이 많다. 넓고 안정적이고 자유롭다.
그곳은 무한히 넓고, 무수히 다양하며, 열린 미소와 풍성한 생명으로
충만하다.

우리는 수직선에 취해서 수평선을 잊었다.
명심하라. 또 다른 삶의 방식이 있다는 것을.
그것은 위가 아닌 옆을 향하는 방식이다.

무거운 수직의 세계 / 가벼운 수평의 세계
그대의 선택은 무엇인가?

가벼운
시대가
온다

레고 그룹

대부분 업무를 외주로 해결하는 업체들이 늘고 있다.

생산은 제조 업체에 맡기고, 물류는 유통 업체에 맡기고, 마케팅은 영업 전문 회사에 외주를 준다. 심지어 직원 채용도 인력 컨설턴트를 통해서 한다.

기획과 관리 같은 핵심 업무를 빼고는, 외부 업체에 업무를 다 맡기는 것이다.

과장하자면 책상 하나만 있어도 제조와 판매까지 마칠 수 있다.

기획 부서를 중심으로 외주 업체들이 연합하되, 지속성을 가진 것은 기획 부서뿐이다.

전체적으로는 소규모 전문 업체들의 연합이 된다.

이들은 필요에 따라 모이고, 목표를 달성하면 흩어진다. 그렇게 결합과 해체를 반복하며, 그때그때 목표에 가장 적합한 연합체를 구성하는 것이다.

나는 그 연합체를 '레고 그룹'이라고 칭한다.

블록을 마음대로 뺐다 끼우는 레고처럼, 필요에 따라 업체들이 계약과 해지를 통해 구성을 자유롭게 바꾸는 것.

레고 그룹의 두뇌에 해당하는 중심 업체가 조립의 '1번 백'이다.

'1번 백'의 입장에서 보면 작은 투자로 창업할 수 있고, 관리비 및 고정비를 아낄 수 있다는 이점이 있지만, 가장 큰 목적은 자본금의 규모를 줄이는 데 있다.

예전에는 자본금이 클수록 좋다고 했으나, 지금은 그렇게 단정하기 어렵다. 회사가 크면 관리의 부담도 크다. 그리고 유연성을 잃는다. 경영이 악화됐을 때 인원 감축부터 쉽지가 않다.

반면에 '레고 그룹'은 각각이 독립된 업체로서 일시적 결합이므로 규모나 생산을 쉽게 늘리거나 줄일 수 있다. 상황의 변화에 더욱 신속하고 유연하게 대처할 수 있는 것이다.

이것이 가능한 것은 네트워크 덕분이다.
실시간 소통이 가능한 시대가 됐다. 인터넷과 메신저를 통해 업체들은 한 회사처럼 연결될 수 있다.

하지만 이런 소규모 연합체는 파워와 경쟁력과 안정성에 한계가 있다. 대신에 유연성과 기동력, 다양성에서는 유리하다.
따라서 기획력과 기술력 등에서 경쟁력을 확보해야 하며, 기업의 특성에 맞는 분야를 잘 골라야 한다. 대규모 장기 생산에는 맞지 않다.

규모만을 추구하던 시대는 끝났다.
이제는 가벼움이 필요한 시대다.
변화는 빠르고, 수요는 다양하기 때문이다.

힘과 가벼움의 결합 . . . . .

거대 기업들은 몸집 불리기를 계속하지만, 그 조직은 세밀화 및 다양화되고 있다. 규모의 힘을 확보하는 동시에, 변화무쌍한 시장의 변화에도 대응하겠다는 전략이다.

가볍고 빠른 기동성이 필수적인 시대가 된 것이다.

그런 이중성은 레고 그룹에서도 보인다. 단위별로는 소규모지만, 연합체를 이뤄서 힘을 확보해, 가벼움에 힘을 더한다.

반면에 대기업들은 조직의 세밀화를 통해 힘에다 가벼움을 더한다.

두 가지 상반된 흐름이 공존한다. 중량화와 경량화.

그런데 그 두 가지가 결합하는 추세가 나타난다.

이에 힘과 가벼움이 결합한다.

핵심은, 가벼움이 필수가 됐다는 사실이다.

중소기업이든 대기업이든 가벼움을 확보하려고 애쓴다.

가볍지 않으면 안 된다는 것. 가벼워야 산다는 것.

소유에서 공유로

재화를 공유하는 플랫폼이 꾸준한 성장세다.

카 셰어링과 홈 셰어링을 비롯해 사무실과 창고와 생활용품까지 공유하며, 그 범위는 날로 확장되고 있다.

아직은 해결할 문제가 많지만, 공유 경제는 피할 수 없는 트렌드다.

공유의 유연성은 우리의 삶을 가볍게 할 것이다.

소유는 관리의 부담이 크고, 필요 없게 된 소유물의 처리도 어렵다.

공유는 그런 소유의 단점들을 보완한다.

가령 카 셰어링과 대중교통을 적절히 이용하면, 굳이 목돈을 들여서 자가용을 구입하지 않아도 되는 것이다.

HP와 Lenovo 같은 기업들은 PC를 대여해준다.

IT 플랫폼과 소프트웨어도 대여하고 공유하는 시대.

음원을 다운받지 않고 스트리밍 하는 것도 일종의 대여다.

경제 방식이 뿌리째 바뀌고 있다.

소유하고 관리하고 물려주던 시대는 저물어간다. 소유가 없어지진 않겠지만, 공유 및 대여가 소유를 대체하며 대세가 될 것이다.

실시간 향유 ......

과거에는 많이 가져야 누릴 수 있었다.

그러나 시대는 변했다. 많이 가지지 않아도 꽤 누릴 수 있게 됐다. 가령, 중산층도 요즘은 해외여행을 갈 수 있다.

아니, 되레 많은 소유가 향유를 방해하기도 한다.

많이 가지려면 많이 일해야 한다. 많은 시간을 바쳐야 한다.

드디어 많이 갖고 보니 나이가 들어버렸다. 이제 좀 놀까 하니 병원에서 항암 치료를 받으란다. 관절이 쑤셔서 외출하기도 싫다.

사람들은 깨달은 것이다. 향유를 미뤄서는 안 된다는 사실을.

신세대는 바로 방법을 바꿨다. 실시간 향유로.

적당한 소유와 적절한 수입이면 충분하다.

더 많이 벌려고 애쓸 시간에, 현재의 소유를 최대한 활용해서 즐기는 게 남는 장사다.

많이 가지기보다, 많이 누리기 원한다.

많은 사람을 만나고. 많은 것을 느낀다.

재물을 쌓는 대신, 체험을 쌓는다.

가벼운 시대의 도래   . . . . .

가벼운 시대가 오고 있다.

기업들은 경쟁력과 생존력을 위해 가볍고 빠른 조직을 추가한다.

직원들은 탄력근무나 재택근무처럼 자유도가 높은 환경을 원한다.

이 모든 변화를 총체적으로 표현하면 '가벼워지고 있다.'

사회는 가벼워지고 있는 것이다.

승진을 위해 밤을 새우기보다, 삶의 의미를 찾는 여가를 가진다.

미래만 보며 달리기보다, 현재를 호흡한다.

시대는 흐른다. 자유도와 유연성이 높은 세계로.

인류는 원한다. 생명과 인생을 실감하며 살기를.

자신의 가치와 삶을 스스로 존중하자는 각성에서 모두가 비롯됐다. 그 자각이야말로 인터넷으로 촉발된 네트워크 시대의 가장 큰 업적일 것이다.

그 촉발점은 자유롭게 살고 싶다는 갈망이다.

정신적 자유의 시대

직업 유목민(Job nomad)이 출현했다.

한 직장에 소속되지 않고 일거리를 찾아서 자유롭게 옮겨 다니며 일하는, 일종의 임시직 및 프리랜서다.

거기엔 자유의 정신이 깔려있다. 명령 체계와 규정에 얽매이기보다, 자유롭고 주체적인 삶을 원하는.

그러나 현실은 녹록지 않다.

직업 유목민은 조직의 보호를 받지 못하며, 승진과 경력의 혜택을 누리지 못한다. 안정성 측면에서 취약할 수밖에 없는 것이다.

그럼에도 직업 유목민은 그 불안정성을 감내한다. 그만큼 자유와 자율성을 갈구한다는 얘기다.

그것이 새로운 시대의 특징이다.

경제력 못지않게 주체적 자유를 중시한다.

과거엔, 경제적 자유를 누려도 정신적 자유는 누리지 못했다.

많이 받는 만큼 많이 일하고, 충성하고, 내 시간이 없었다.

그러나 신세대는 다르다. '정신적 자유의 시대'를 개척한다.

정치적 자유와 경제적 자유를 지나서 정신적 자유의 시대다.

제3의 가치

오랫동안 물질의 가치가 인류를 지배했다.

지금은 지식의 가치가 새로운 지배자로 등극했다.

그런데 또 다른 흐름이 감지된다.

'정신의 가치'다.

물질의 가치 → 지식의 가치 → 정신의 가치

사람들은 마음의 중요성을 깨닫기 시작했다.

무자비한 속도로 이익과 승리를 향해 질주하는 경쟁의 열차 안에서 승객들은 현기증을 느낀다. AI가 다스리는 정보의 바다에서 인간은 한 조각의 데이터로 저장될 뿐이다.

정신의 가치가 중시되는 시대가 온다.

자유와 생명, 삶의 보람, 타인과의 진정한 교감, 박애와 같은 가치가 물질 및 성공보다 중시되는 사회.

이윤과 재산을 불려주지 못할지언정, 평안과 행복감을 채워준다면, 그것이야말로 가장 진보된 체제라 할 것이다.

막강 자본주의 속에서 주류가 될지는 미지수다.

그러나 쉽게 멈추지 않는 의지의 흐름이 될 것이다.

새로운 물살

사람들은 진정한 행복이 뭔지를 고민하기 시작했다.

경제 발전과 물질적 풍요를 경험한 결과, 그것이 행복의 일부일지언정 행복의 전부가 될 수는 없음을 깨달았다.

발전과 성장을 강요하는 사회에 저항하기 시작했다.

경쟁과 스트레스가 불행을 야기했기 때문이다.

한편에서는 경쟁이 더욱 치열해지고, 한편에서는 경쟁으로부터 자유롭고자 한다. 한편에서는 계속 몸집을 불리고, 한편에서는 크기를 줄여서 가볍고자 한다.

분명한 변화는 마음의 평안이 행복의 바탕이라는 교훈의 확산.

사람들의 지향점이 바뀌고 있다.

남에게 보이기 위함이 아닌, 진정한 자기만족으로.

힘보다 자유 / 크기보다 효율

소유보다 향유 / 결과보다 과정

미래보다 현재 / 성취보다 느낌

성공보다 경험 / 승리보다 평안

가벼운
상태

가벼워야 자유롭다

. . . . .

겨울이 닥쳤을 때, 개미는 걱정이 없었다. 굴을 파고 양식을 저장해놨기 때문이다.

그러나 베짱이는 노래만 불렀다.

개미가 한심해 하며 물었다.

"겨울이 오는데, 무슨 배짱으로 놀기만 하니?"

베짱이는 배짱을 부리며 웃었다.

"너는 집이 있지만, 나는 날개가 있걸랑."

그리고는 따뜻한 남쪽으로 날아가 버렸다.

개미가 겨우내 굴속에 갇혀있을 때, 베짱이는 따뜻한 남해안에서 일광욕을 즐겼다.

베짱이는 개미처럼 힘들여 굴을 파지 않았고, 양식을 모으지도 않았다. 그래서 베짱이는 가벼울 수 있었다.

자유는 가벼움에서 나온다.

베짱이는 집도 없고, 양식도 없었다.

하지만 덕분에 가벼웠고, 자유로울 수 있었다.

집이 있고 양식이 많았다면, 떠날 수 있었을까?

자유는 포기의 결과인 것이다.

어느 정도 포기하지 않고는 가벼울 수 없다.

지나친 욕심과 집착, 허황된 목표를 포기하라.

날개도 무게다

그 새는 빠르게 날고 싶었다.

그래서 깃털을 붙여서 날개를 크게 만들었다.

둥지에서 뛰어내리니 과연 큰 날개가 잘 받쳐주었다.

그런데 날개를 저을 수가 없었다. 너무 무거웠기 때문이다.

결국, 새는 방향을 바꾸지 못해 절벽에 처박히고 말았다.

모든 날개는 새에게 맞는 크기를 갖고 있다.

날개가 너무 크면, 그 날개는 도리어 새를 추락시킨다.

날개도 무게이기 때문이다.

무조건 큰 것 말고, 네게 맞는 날개를 가져라.

적당한 날개만 있어도 충분히 날 수 있다.

작은 날개가 신나게 날기에는 좋다.

실제로 기동성이 좋은 새들은 날개가 작다.

역동적으로 살고 싶다면, 고정자산을 줄이는 것도 한 방법이다.

적당한 소유는 자유를 돕지만, 과다한 소유는 자유를 해친다.

잊지 마라, 날개도 무게라는 사실을.

행복의 임계점

많이 가지면 행복할까?
꼭 그렇지만은 아닌 듯싶다.

독일에 카우센이라는 부동산 재벌이 있었다.
그는 대량의 아파트와 빌딩을 소유했다. 그가 소유한 콘도는 2만 채
가 넘었다. 재산은 무려 4억 3,900만 달러에 달했다.
하지만 그는 막대한 재산을 관리하는 일로 스트레스가 심했고, 사업
이 언제 무너질지 모른다는 불안에 시달렸다.
결국, 그는 목매달아 자살한다.

소유는 관리의 부담을 주고, 그것을 잃지 않을까 염려를 일으킨다.
많아도 문제, 적어도 문제다.
소유에도 행복의 임계점이 있는 것이다.

자신에게 적절한 소유의 양을 고려하라.
소유의 이점을 누리면서도 소유의 부작용을 최소화할 적정선을.

소유가 향유를 저해하기 시작하면, 적정선을 넘은 것이다.

부자 선배 이야기 · · · · ·

한 선배가 수입상을 했는데, 돈을 잘 벌었다. 그 돈으로 비싼 차를 사곤 했다. 독일 차도 사고, 일본 차도 샀다.

그런데 너무 바빠서 차를 탈 때보다 세워둘 때가 많았다.

1년도 안 돼서 중고로 팔고 새 차를 또 산다.

바빠서 차를 타기 힘드니, 차를 바꾸는 재미라도 보는 듯했다.

그 선배가 제트스키를 가지고 있었는데, 그 제트스키를 내가 타고 신나게 한강의 수면을 가르던 기억이 난다.

나는 그 선배와 정반대였다. 가난한 나는 물건을 하나 사면 등골을 뽑아먹고 사골 한 방울까지 우려낸다.

그 선배는 많이 가졌지만, 가지지 못한 것과 같았다.

많이 소유한 자가 아니라, 많이 향유하는 자가 부자다.

> "참 행복은 소유에 있지 않고 자유에 있다.
> 소유하면 자유를 잃으므로 불행해지는 것이다."
> - 고자 어록

일식집 사장님의 선택 ·····

친척의 지인이 일식집을 차렸다.

미국에서 일식집을 하다가 귀국해서 식당을 차린 것이다.

맛집이라고 소문이 나서 문전성시를 이뤘다. 돈을 쓸어 담을 정도였다고 한다. 그러자 그분은 영업 시간을 줄였다. 낮에는 문을 닫고 밤에만 열었다.

이해할 수 없는 일이었다. 장사가 잘되면 영업 시간을 늘려야지, 오히려 줄이다니!

이유가 있었다. 장사가 잘되니까 너무 바빠서 개인 시간을 가질 수 없었기 때문이다. 그에게는 돈보다 여유가 중요했던 것이다.

프랜차이즈 제안도 왔단다. 떼돈을 벌 수 있는 기회였다.

하지만 그 일식집 사장은 일언지하에 거절했다.

여유로운 생활 및 가족과의 시간을 선택한 것이다.

사람들은 바보라고 할지 모른다.

그러나 가벼운 삶이란 그런 것이다.

가벼운 자는 세상이 중시하는 것보다 자기가 중시하는 것을 중시한다.

손해가 아니다

한때 일을 2배로 늘린 적이 있었다.

그러자 수입이 2배가 됐다. 대신에 나는 수면 부족에 시달렸다. 하루 3시간밖에 잘 수 없었기 때문이다.

새벽 1시까지 일하고, 새벽 2시에 집에서 밥 먹고, 새벽 3시에 잤다. 3시간 자고 아침 6시에 일어났다. 그렇게 3년을 살았다.

건강을 많이 해쳤다. 항상 피곤하고 정신이 몽롱했다.

결국, 나는 다시 일을 줄였다.

일을 줄이면서 수입도 줄었다.

그럼 손해였을까?

그렇지 않다. 대신에 여유와 건강을 되찾았기 때문이다.

가볍게 살려면 버릴 줄 알아야 한다.

그럴 때는 대신에 얻는 것들을 생각하라.

포기함으로써 얻는 가벼움, 자유와 여유와 생명력을.

과욕과 집착을 버려서 자유와 평안을 얻어라.

그게 훨씬 이익이다.

편하면 행복할까?　　　　　　　　　　　　··· ···

옛날에 엔터프라이즈라는 고급 세단이 있었다.

보험 대리점 할 때, 그 차를 얻어 타본 적이 있다. 차 문을 열어보고 깜짝 놀랐다. 유리창에 테두리가 없는 거였다.

이른 바 '프레임리스 윈도우'였다. 참 신기하고 고급스러웠다. 국내에서는 그 차가 최초였던 것 같다.

뒷좌석의 사모님은 그러나 표정이 어두웠다.

수차례 만나면서 사모님과 친분이 생겼는데, 가끔은 전화기에 대고 언성을 높이시는 거였다. 내가 엿들은 바로는, 남편의 바람기 때문에 맘이 편치 못한 듯했다.

그분은 건강하고 부유했지만, 마음이 괴로우니 행복할 수 없었다.

돈 많아서 편하게 사는데도 불행한 사람 많다.

힘든 것과 괴로운 것은 다르다.

힘들어서 불행한 것보다, 괴로워서 불행한 것이다.

힘들어도 행복할 수 있지만, 괴로우면 행복할 수 없다.

몸이 힘들어도 견딜 수 있다. 그러나 마음이 괴로우면 약이 없다.

힘들게 살더라도, 괴롭게 살지는 마라.

육체가 편한 것보다, 마음이 편해야 산다.

편안한 삶이 아니다 　　　· · · · ·

편하게 살라는 게 아니다.
애당초 편한 삶이란 없다. 어떻게 편하게만 살겠는가?
힘들어도 올바른 길이라면 가야 한다.

가벼운 삶은 편안한 육체가 아니라, 평안한 정신이다.
편해서 웃는 게 아니라, 초연해서 웃는 거다.

꽃을 보라.
황무지에서도 꽃은 아름다운 미소를 짓고 있다.
찡그리고 투덜대는 꽃을 본 적이 있는가?

그런데 인간은 왜 그렇게 못하는가?
편해야만 웃겠다면, 인간이 꽃보다 나을 게 뭔가?

황무지의 꽃처럼 웃어라.
그것이 가벼움의 힘이다.

가벼운 상태란 무엇인가?

가벼운 상태는
- 적당한 소유
- 마음이 밝고 안정된 상태
- 구애받지 않는 자유로운 마음가짐
- 가볍게 수용하고, 가볍게 반응하기

경제든 육체든 만사는 마음에 나타난다.
행복도 결국엔 마음으로 느끼는 것이다.

우리가 불행한 이유는 무겁기 때문이다.
무게에 짓눌리면서 평안할 수는 없다.
욕심, 갈등, 걱정이 그런 무게가 될 수 있다.

우리의 삶에는 쓸데없는 것들이 너무 많다.
가볍게 살려면, 복잡하고 무거운 쓰레기를 버려라.
삶을 단순화하라. 가벼운 상태를 유지하라.

가벼움은 여유와 활력을 주며, 생명력을 고조시킨다.
그것이 행복의 초석이며, 아니면 무엇으로도 행복할 수 없다.

스트레스를 이기는 가벼움 　　· · · · ·

왕이 주흥사에게 천 개의 글자로 된 시를 지으라고 명한다.

아침까지 완성하지 못하면 목을 벨 것이며, 같은 글자를 재사용해서는 안 된다. 주흥사는 목숨 걸고 밤새워 시를 쓴다.

그것이 천자문의 유래다.

그런데 아침에 보니 주흥사의 머리가 백발이 돼 있었다.

비슷한 일을 나도 겪었다.

스트레스가 엄청 심할 때가 있었다. 그러자 머리에 새치가 생기고, 피부가 늘어지고, 치아가 흔들렸다.

스트레스가 얼마나 무서운가를 그때 알았다.

단 며칠 사이에 10년이 늙어버린 것이다.

스트레스는 병과 노화를 촉진한다.

스트레스를 완전히 피할 수는 없지만, 스스로 만들지는 마라.

가벼운 상태는 스트레스를 최소화한다.

어떻게 가벼운 상태를 유지하는가?

긍정적이고 낙천적으로 생각하라. 어차피 세상은 지옥이기에.

내가 가장 후회하는 일은, 힘들 때 웃지 못했다는 사실이다.

힘든 상황에서도 웃을 수 있는 가벼움을 가져라.

마음이 가볍지 않으면, 날개가 있어도 날지 못한다.

가벼움은 쉽다 . . . . .

가벼운 삶이란 경박한 삶을 말하는 게 아니다.
무위도식이 아니다. 안빈낙도가 아니다.
비본질에서 해방되어 본질에 충실하라는 뜻이다.

본래의 무게보다 가벼워지라는 게 아니다.
본래의 가벼움으로 돌아가라는 얘기다.

존재란 본래 가벼운 것,
거기에 우리가 온갖 탐심과 근심을 들이부어 무거워졌을 뿐.
가벼운 자란, 쓰레기를 버려서 본래의 가벼움을 회복한 자다.

가벼움은 어려운 게 아니다.
나를 버림이 아니라, 내가 아닌 것을 버림이기 때문이다.
그럼으로써 본래의 나를 회복하는 것.

과욕과 증오와 분노와 염려에 눌려서 허덕이지 말고, 그것들에서 해
방되어 生의 푸른 자유를 호흡하라.

가벼운
자의
모습

작은 위대함

내 친구는 평생 이룬 게 없다며 탄식했다.

그는 사업가가 꿈이었으나, 그 꿈을 이루지 못하고 직장인으로 살았다.
그리고 얼마 전에 은퇴했다.

특별한 삶을 꿈꿨지만, 그의 삶은 평범하기만 했다.

성취의 작음을 한탄하지 마라.

위대함은 그 크기에 있지 않다.

자신의 길을 열심히 갔고, 그 길에서 삶의 의미를 배웠다면, 그 인생은
결단코 작지 않다.

세상은 옷으로 사람을 평가한다.

옷이 좋으면 그 옷을 입은 사람도 좋다고 본다.

그러나 가벼운 자는 실체를 본다.

등수를 매기지 않는다. 사람마다 달려온 길이 다르기에.

작은 위대함을 보는 눈을 가져라.

세상의 평가에 연연하지 마라.

진짜 값진 열매는 눈에 보이지 않는다.

성취보다 성숙

인생은 성취가 아니라, 느끼고 배우는 것이다.

아무리 큰 성취를 이뤘다 한들, 인간으로서의 성숙이 없다면 그 인생은 헛된 것이다.

크리스 브라운은 세계적 팝스타다. 뛰어난 재능으로 16세에 이미 가수로서 큰 성공을 거뒀다.

하지만 그는 트러블 메이커다. 폭행과 마약, 탈세, 협박 등의 문제를 일으켰다. 그의 행동들은 미숙한 어린애 같다.

그의 재능과 업적은 인정하지 않을 수 없지만, 그를 인격자로서 존경하는 사람은 없을 것이다.

성공은 성장을 주고, 실패는 성숙을 준다.

그래서 사람에게는 성공과 실패가 모두 필요하다.

성장해도 성숙하지 못하면, 키만 큰 어린애다.

가벼운 자는 성공과 실패를 차별하지 않는다.

실패를 통해서도 그는 배우고 자란다.

눈물로 땅을 파면, 인격 역량 지혜 등의 보물이 나온다.

고로 가벼운 자는 역경 속에서도 즐겁다.

그는 나무처럼 강하며, 벼랑 끝에서 가벼이 떠오르며, 자신의 성숙을 이미 그곳에서 내려다본다.

음악의 힘을 가진 자가 되라

과외 제자가 어언 숙녀가 됐다.

바리스타가 꿈이란다. 그래서 카페에 취직해서 배우고 있다.

인생의 목표를 물어보니 특별한 게 없다. 후회 없이 사는 게 목표란다.

사실은 맺힌 게 많은 친구다. 홀어머니 밑에서 어렵게 자랐다.

하지만 늘 밝고 유쾌하다. 오후의 라디오에서 나오는 음악처럼.

가벼운 자의 모습은 음악과 같다.

가벼운 자는 내면에 항상 음악이 흐르는 자. 그 음악의 힘이 그를 가볍게 하며, 슬픔을 비롯한 모든 것을 아름답게 승화시킨다.

인생은 음악이며, 인간은 인생의 연주자다.

음악은 슬픈 곡조마저 아름다운 법.

네게 주어진 악보가 어떠하든, 네 인생을 아름답게 연주하라.

운명에 무심하라.

진짜 불변의 운명이라면, 따져서 무엇하리.

열정적으로 살고 사랑하면 되는 거다.

한 편의 황홀한 음악이 되라.

고통 속에서도 신음이 되지 말고, 음악이 되라.

지옥에서조차, 새처럼 눈부시게 노래하라.

내면의 힘

내면에 힘이 없으면 다 쓰러진다.

짧은 식견과 부족한 경험이나마, 이 노인이 깨달은 바다.

사람은 내면의 힘으로 사는 거지, 외부의 힘으로 사는 게 아니다.

현대인의 문제는 내면의 힘을 잃고, 외부의 힘에만 기댄다는 점.

외부의 힘은 강력해 보인다. 그러나 외부의 힘은 내 것이 아니다. 그래서 언제든지 나를 떠날 수 있다.

그것은 내 살이 아니라, 옷인 것이다.

옷처럼, 내 살에 덮였을 뿐.

내면의 힘이 먼저 있지 않으면, 외부의 힘은 위력이 없다.

심장 없는 몸이요, 뼈대 없는 근육이다.

내면에 빛을 가져라. 해가 져도 어둡지 않으리라.

내면에 힘을 가져라. 위기가 와도 두렵지 않으리라.

내면에 미소를 가져라. 강하면서 부드러운 자가 되리라.

내면에 음악을 가져라. 세상의 모든 것이 황홀하게 빛나리라.

인생에서 남는 것

미국 영화였는데, 주인공은 정년퇴직한 남자였다.

아내가 병들어 죽고 그는 혼자가 된다.

그런데 아내의 유품에서 일기책을 발견한다. 그 일기를 통해, 아내가 자신의 친구와 바람을 피웠다는 사실을 알게 된다.

배신감과 허탈감 속에서 그는 쓸쓸한 말년을 보낸다.

그러던 중, 아프리카의 소년한테서 엽서가 온다. 감사의 편지였다. 자선단체에 100달러를 보냈던 기억이 났다.

그는 엽서를 끌어안고 오열한다.

그는 열심히 일했다. 좋은 집과 차를 장만했고 안정을 이뤘다.

그러나 평생을 바친 직장은 늙었다며 그를 내쫓았고, 장성한 자식들은 그를 귀찮아하며, 아내는 친구와 바람을 피웠다.

살아온 모든 것이 허망했다.

그의 평생에 보람이라면 단 하나, 별생각 없이 보냈던 100달러 기부금뿐이었다.

내 일생에도 여태껏 기억나는 것은 남을 위해 희생한 일들이다.

그때는 손해인 줄 알았으나, 지금은 내 인생에 자부심을 주는 유일한 자산이 됐다.

이익에 너무 연연하지 마라.

필요한 것이지만, 위대한 것은 아니다.

가벼우면 높이 뜬다

예전 동네에 슈퍼마켓이 하나 있었다. 그곳 주인은 불친절했다. 무뚝뚝하고, 인상을 쓰고, 인사를 해도 받지 않았다.

그런데 갑자기 주인의 태도가 돌변했다. 상냥하게 웃으며 친절하게 맞는다. 전에는 가격을 묻기도 무서웠는데, 알아서 말해준다.

얼마 후, 근처에 대형 마트가 들어선다는 소문이 들렸다. 그러면 주변의 가게들이 큰 타격을 입을 거라는 얘기였다.

슈퍼마켓 사장이 변한 이유를 알 것 같았다. 대형 마트에게 손님을 뺏기게 돼서야 친절하게 바뀐 것이다.

처음부터 친절했으면 하는 아쉬움이 든다.

사람은 이익의 동물이라지만, 이익이 인간의 전부는 아니다.

이해관계로 인간의 절반을 설명할 수 있다. 그러나 나머지 절반은 설명할 수 없다.

일본 지하철에서 취객을 구하다 사망한 이수현 씨가 이익 때문에 몸을 던졌겠는가? 돈 때문에 그랬겠는가?

가벼운 자는 1차원적 삶에 만족하지 못한다.

가벼우면 높이 뜨기 때문이다.

이익보다 의미를 찾고, 인생의 참가치를 추구하라.

한 줄기 바람 같은 자 ‥‥‥

바람을 보라.
어디에도 머물지 않으며, 어디에도 매이지 않는다.
누가 바람을 잡아서 말뚝에 묶을 수 있겠는가?

가벼운 자는 바람과 같아서 어디에도 멈추지 않는다.
그는 강물과 같아서 끊임없이 흐르며 生의 바다로 나아간다.

바람은 달라붙지 않으며, 되돌아가지 않는다.
지나간 것을 붙잡지 않으며, 스치는 것으로 만족한다.
움켰다가도 곧 놓으니, 그래야 계속 날 수 있기 때문이다.

스침으로 만족하라. 모든 것은 스치는 것이다.
어떤 것도 잡을 수 없다. 그런데 잡으려 하니 상처가 난다.

인생은 한순간의 바람이다. 한 번 불고 사라지는 바람이다.
그러니 붙잡은들 뭐하겠는가?
스침으로 충분하다.
바람처럼 가벼이 스치며 날아가라.

바람처럼

바람은 만나는 모든 것을 만난다.
꽃을 만나면 꽃향기에 취하고, 비를 만나면 비에 젖는다.

바람처럼, 인생의 매 순간을 온몸으로 부딪쳐라.
지금 마주한 순간보다 중요한 것은 없다.
지금 눈에 보이는 것보다 아름다운 것은 없다.

인생이 너에게 보내주는 것들을 미치도록 사랑하라.
그것만이 후회 없는 인생이다.

뒤를 돌아보거나, 앞을 내다보지 마라.
슬퍼지거나 불안해져서 아무것도 하지 못한다.
오로지 현재에 열광하라.
늘 푸르게 사는 법은 멈추지 않고 걷는 것이다.
계속 걸어라. 멈추지 마라. 멈추면 벌레가 낀다.

바람처럼 시간 속을 날아가라. 느끼고 사랑하며.
비를 피하지 마라. 비가 오면 비를 맞아라.
삶의 모든 순간을 생생하게 만끽하라.

> "바보는 책장을 막 넘겨 버리지만, 현자는 빠짐없이 읽는다.
> 인생은 한 번밖에 읽지 못하는 책이기 때문이다."
>
> - 상 파울

돈의 한계를 아는 자   . . . . .

현실적으로 가장 강력한 행복의 요소는 돈이라고 생각한다.
그런데 돈은 있다가도 없고, 많아도 부족하다.
돈을 돌처럼 보라는 게 아니다. 돈에도 한계가 있다는 말이다.

50대 부자가 훨씬 어린 여성과 결혼했다.
그 젊은 아내는 돈을 물 쓰듯 한다. 남편은 아내가 자기를 사랑하는
지, 돈을 사랑하는지 모르겠다고 한다.
"솔직히 내가 가난뱅이였다면 나한테 오지도 않았겠지. 그러니 내가
치러야 할 대가라고 생각해. 하지만 어쨌든 쓸쓸하네."

그는 돈 때문에 젊고 아름다운 아내를 얻었지만, 또한 돈 때문에 불
행해졌다. 돈이 전능자 같지만, 돈으로도 사랑은 살 수 없다.

돈을 벌어라. 단, 돈으로 다 된다는 착각은 버려라.
돈으로 사귄 친구는 돈이 떨어지면 멀어진다.
진실함으로 사귄 친구는 영원히 곁에 있다.

인격이 받쳐야 한다. 그래야 돈도 가치를 발휘한다.
돈만 모으지 말고, 아름다운 인격을 키워라.
진짜 값진 보물은 돈이 아니라 인격으로 사는 것이다.

아름답게 하는 것

입고픈 옷이 있으면 돈을 모아서 사라.

갖고픈 차가 있으면 열심히 벌어서 사라.

정당한 욕구의 추구는 나쁜 것이 아니다.

단, 의미 있는 일에도 돈을 써라.

급전이 필요한 때가 있었다. 하지만 구할 데가 없었다.

그때 지인이 돈을 빌려줬다. 대출까지 받아서.

그 분은 넉넉한 형편이 아니었다. 그런데도 나를 도와줬던 것이다.

난 아직도 그분의 은혜를 잊지 못한다. 그분의 도움이 아니었다면 내 인생이 어떻게 됐을까?

그분을 통해 나는 배웠다. '선행에는 형편을 따지지 마라.'

나는 형편이 좋지 않다. 그럼에도 세 군데 단체에 매월 기부금을 보내고 있다. 우리 집 생활비의 30% 정도다.

큰돈은 아니지만, 그걸 보내려면 나는 허리띠를 졸라매야 한다. 그 돈을 나를 위해 썼더라면 내가 원하는 차를 샀을 것이다.

자랑이 아니라, 나 같은 빈자도 할 수 있음을 말한 것이다.

사람을 아름답게 하는 것은 돈이나 스펙이 아니다.

오직 사랑만이 인간과 인생을 아름답게 한다.

> "사랑 없이 사는 것은 정말로 사는 것이 아니다."
> - 몰리에르

가벼움의 아름다움

금산 우체국의 한 집배원이 뉴스에 소개됐다.

정승모 집배원은 우편함을 손수 만들어 마을의 집집이 달아줬다. 그 숫자가 무려 350개에 달한다.

그는 또한 버려진 운동화를 모아서 아프리카에 보낸다.

편지만 배달해도 되지만, 그는 거기서 더 나아가 사람들을 도왔다.

바로 그런 아름다움이 가벼운 자의 모습이다.

불평과 탐심으로 무거워지기보다, 자신의 길에서 의미를 모색하고 스스로 삶을 가치 있게 만든다.

사람들이 운명을 한탄하며 세상을 비꼴 때

가시밭에 꽃을 심어 꽃길을 만드는 사람.

길이 험하다고 드러누워 썩기보다, 그 험한 길을 즐겁게 간다.

가벼운 자는 살아있기 때문이다.

가벼움은 생명의 본능이며, 아름다운 삶에 대한 희구다.

한 번뿐인 인생이다. 아름답게 살아라.

물질을 에너지로 바꿔라 　　　．．．．．

현대 과학에 따르면, 물질과 에너지는 같다.
물질이 에너지가 되고, 에너지의 결속이 물질을 이룬다.

물질을 에너지로 바꿔라.
　창고에 쌓아두면 그냥 물질이지만, 꺼내서 사용하면 사람과 세상을
살리는 에너지가 된다.

　가벼운 자는 물질을 에너지로 바꾸는 자다.
　내 열정의 불길로, 세상을 데우는 온기로.

　물질로만 있지 말고, 생명으로 타올라라.
　여력으로 재산만 불리지 말고, 가치 있게 사용하라.
　욕심만 쫓다가 죽지 말고, 느끼고 생동하며 타올라라.

　살아있는 자가 되라.
　살아있는 자가….

> "재물은 분뇨와 같아서 축적되면 악취를 풍기지만
> 산포되면 땅을 비옥하게 한다."
> - 톨스토이

제2부

가볍게 반응하라

• • • • • • •

성공의 비결에 관한 책이 아니다.
성공과 무관하게 행복할 수 있음을 말한 책이다.
비범한 소수가 아닌, 평범한 다수의 행복론이다.

일확천금을 꿈꾼다면, 이 책을 덮어라.
그런 책이 아니다. 서점에 반납하고 환불을 요청하라.
환불해 주지 않는다면, 중고책으로 되팔 수 있을 것이다.

열린
마음의
힘

1

무거운 한국

한 남자가 편의점 주인에게 흉기를 휘둘렀다,
자기한테 불친절했다는 이유로.
단지 그 때문에 사람을 죽이려 했던 것이다.

한국인들은 팽팽하게 부푼 풍선 같다.
피해의식과 분노로 가득 차서, 건드리기만 해도 폭발하는.

마음들이 무겁다. 화약으로 꽉 차있다.
마음속에 여백이 없다. 완충지대가 없다.
그러니 작은 충격도 견디지를 못한다.

교사는 아이의 상태를 감안하지 않고 아이가 힘들게 한다며 아이한테
막말을 퍼붓는다.
학부모는 교사의 고충을 이해하려 하지 않고 곧바로 교사를 아동학
대로 고소한다.

한국에서 사는 것은 지뢰밭을 걷는 것 같고, 한국인들은 언제 터질지
모르는 불발탄 같다.
타인에 대한 인내가 없고, 사람에 대한 사랑이 없다.
이해와 배려와 존중은 멸종했고, 대한민국은 서로 목을 물어뜯는, 사
방이 가로막힌 투견장이 돼버렸다.

마음을 다스려야 하는 이유

상황과 세상은 내 맘대로 할 수 없다.

반면에 마음은 내 의지의 영역이다. 완전히는 아니더라도, 내가 어느 정도 컨트롤할 수 있다.

그래서 마음의 컨트롤이 요긴할 때가 많다.

먼저 마음을 다스려라. 마음을 가볍게 하는 훈련을 하라.

세상을 가볍게 하기가 쉽겠는가, 마음을 가볍게 하기가 쉽겠는가?

그래도 반문할지 모른다. 현실에서는 마음보다 물질이 먼저라고.

대형 로펌 변호사가 아내를 둔기로 살해했다.

원인은 부부싸움으로 인한 불화였다.

변호사라면 많이 배운 사람이다. 세상에서 인정받는 자리다.

그러나 마음을 다스리지 못했을 때, 물질을 다 잃었다.

힘들게 쌓아온 경력과 명성, 거액의 연봉이 다 날아갔다.

마음은 형이상학적 허상이 아니다.

마음이야말로 가장 현실적인 능력인 것이다.

> "그 무엇보다 마음을 지켜라.
> 생명의 근원이 거기서 남이니라."
> - 성경 잠언

마음부터 훈련하라

다들 스펙 쌓기에 여념이 없다.

반면에 마음을 다스리는 일에는 소홀하고 서툴다.

그러나 마음이 흔들리면 전체가 무너진다.

건강을 잃으면 전부를 잃지만, 마음을 잃으면 그 건강까지 잃는다.

학교 선배가 있었는데, 사회적으로 능력을 인정받는 분이었다.

하지만 가정에서는 순탄치 못했다. 부인과 냉랭한 관계였고, 자녀들과도 사이가 좋지 못했다.

오랜만에 만났는데, 부쩍 늙은 모습에 놀랐다. 끝내 부인과 이혼했고, 아이들과도 헤어져 혼자 지냈던 모양이다.

실의에 빠져서 삶의 의욕을 잃은 듯했다.

일에서는 유능했으나, 마음에서는 무능했다.

그는 집안에서 마음을 다스리지 못했다. 가족과 충돌이 잦았다.

마음을 잃으면 사람을 잃고, 사람을 잃으면 삶을 잃는다.

거듭 권하건대, 마음의 중요성을 깨달아라.

돈 벌 궁리만 하지 말고, 마음의 훈련에도 힘써라.

그것이 더 유용하다.

가벼운 마음을 견지하라 ......

항상 마음을 가볍게 하라.
가볍게 생각하고, 가볍게 반응하라.
극단에 치우치지 말고, 낙천적으로 생각하라.

마음이 가벼워야 웃을 수 있다.
마음이 어두우면 태양조차 까맣다.

핵심은 가벼운 마음을 유지하는 것이다.
그래야 충격이 쳤을 때도 폭발하지 않을 수 있다.

모든 것을 가볍게 여기는 마음이 가벼운 마음이다.
하지만 우리는 작은 일에도 무겁게 반응한다. 그러니 평안이 없다.
마음이 무거우면 뭐든지 무겁다.
툭하면 화나고, 우울하고, 공격적이 된다.

문제가 없는 삶이란 없다. 어떻게 반응하느냐의 차이뿐.
누가 내 발을 밟았다. '그럴 수 있지.' 하고 웃어라.
아깝게 시험에서 떨어졌다. '이것도 삶의 일부지.' 하고 힘을 내라.

마음이 가벼워야 험한 세상을 헤쳐갈 수 있다.
그렇다. 가벼운 마음의 수혜자는 나 자신이다.
나를 위해 가벼워야 하는 것이다.

지옥이니까 웃어라 . . . . . .

가족이 암에 걸렸다.

항암 치료를 받으며 힘들어하고, 머리가 다 빠지고, 손톱과 피부가 까
맣게 변하는 것을 보니 괴롭다.

눈물과 한숨이 나를 때린다.

인생은 지옥이다. 나는 단 하루도 편하게 산 날이 없다.

나는 내가 지옥에서 태어났음을 깨달았다. 그래서 내 선택은?

눈물이 아닌 미소다.

울부짖는다고 지옥이 천국으로 바뀌겠는가?

그럴수록 더 깊은 지옥에 떨어질 뿐.

따라서 지옥일수록 웃어야 한다.

천국에서는 울어도 좋다. 울어도 천국이니까.

그러나 지옥에서는 울면 안 된다. 울어도 지옥이니까.

그렇지 않아도 괴로운데 왜 스스로 고통을 더하는가?

울어도 지옥이고, 웃어도 지옥이다.

그렇다면 웃는 게 낫지.

부자가 되려면 마음부터 열어라

인간에게 가장 중요한 능력이 뭘까. 재력? 학력? 권력?
아니다. '열린 마음'이다.
마음이 열려야 배우고 성장하며 협력하기 때문이다.

– 마음이 열린 자는 주변의 정보를 흡수해서 잘 성장한다.
– 사람들과 화합하기에 많은 도움을 받는다.
– 주변과 마찰이 적기에 힘의 낭비가 적다.

실제로 내가 본 성공한 사람들의 공통점이 '열린 마음'이었다.
그중에는 내향적인 사람도 있고, 까다로운 사람도 있었다.
하지만 다양한 성격에도 불구하고 하나같이 소통을 중시했다.
반대로 마음이 닫힌 자가 성공한 것은 한 번도 본 적이 없다.

마음이 닫힌 자는 반드시 고립되며, 고립된 자는 쇠망한다.
인간은 혼자서는 성공할 수 없기 때문이다.
혼자서 성공했다면, 그것은 착각이다.

가난보다, 닫힌 마음이 빈곤을 초래한다.
진정한 풍요는 열린 마음이 주는 것이다.

부자가 되려면 마음을 열어라.
열린 마음이 부를 낳는다.

마음을 열면 즐겁다

나는 옹졸해서 한 번 틀어지면 그 사람과 말도 나누지 않았다.
덕분에 나는 많은 것을 얻었다. 미움과 불신과 고독을 얻었다.

나처럼 살지 마라. 뒤늦은 후회뿐이다.
섭섭하다고 토라지지 마라. 마음에 안 든다고 투덜대지 마라.
본인만 손해다.

세상에는 별별 인간이 다 있다. 악당도 있고, 사기꾼도 있다.
그래도 마음을 닫지 마라. 자신의 밝은 인생을 위해.

마음을 여는 것은 창문을 여는 것과 같다.
시끄럽다고 창문을 닫으면, 새소리까지 듣지 못한다.
마음을 열어야 자극을 받고 에너지가 생긴다.
생명은 자극에 반응하는 과정에서 동력을 얻는 탓이다.

마음의 창문을 열어라.
일상이 밝고 상쾌해진다.

극단적이 되지 마라

내가 가장 경계하는 것이 있다. 바로 극단주의다.
나는 사람들에게 절대로 극단적이 되지 말라고 충고한다.

나는 살면서 가장 치명적인 질병을 보았다.
'극단적인 생각'이다. 그것은 절망만 남긴다.
극단적인 생각은 모든 희망을 학살하기 때문이다.

힘든 상황에서도 극단적이 되지 마라. 여유를 가져라.
솟아날 구멍이 다 있다. 어떻게든 살게 돼 있다.

극단적인 말은 중얼대지도 마라.
"나는 끝났어. 최악이야."
"더는 희망이 없어."

극단적인 상황이란 없다. 완전한 절망도 없다.
실망과 공포가 극단적인 생각을 낳을 뿐.
극단적인 생각이 극단적인 상황을 지어내는 것이다.
따라서 극단적인 생각만 없으면 극단적인 상황은 오지 않는다.

괜찮다. 마음을 가볍게 하고 시간을 견뎌라.
스스로 피하지 않는 한, 웃는 날이 반드시 온다.

가볍게 스쳐라

세상을 탓하지 마라. 운명을 탓하지 마라.
탓해봤자 너만 손해다.

세상을 원망한다고 뭐가 달라지나?
털끝 하나 바뀌지 않는다. 내 인생만 구질구질해질 따름이다.
운명을 한탄한다고 누가 알아주나?
가족도 알아주지 않는다. 나 혼자만 못난이가 될 뿐이다.

박차고 일어나서 인생의 모든 것을 즐겨라.
고달픈 현실을 즐기고, 더러운 팔자를 즐기고, 끔찍한 일을 즐겨라.
나약한 인간을 사랑하며, 가냘픈 생명을 호흡하라.

스치며 날아가는 바람을 연상하라.
바람이 자유로운 것은, 불행도 스치는 것임을 아는 탓이다.

가벼이 스쳐라. 기쁨도 슬픔도 스치는 것.
불타는 지옥의 골짜기를 가벼이 날아가라.

못 즐기면 바보다

거래처 부장과 식사를 하는데, 그분이 이런 말을 한다. 아내는 유럽 여행을 원하는데, 자기는 싫다는 얘기였다.

이유를 물었더니 유럽에는 키 크고 잘생긴 남자들이 많을 텐데, 자기는 키가 작고 못생겼으니 기분 나빠서 못 가겠다는 것.

그 양반도 나처럼 외모 콤플렉스가 심한 분이었다.

나는 속으로 답답하다는 생각이 들었다. 여행과 외모가 무슨 상관?

나만 즐기면 그만이지.

내가 즐기든 말든 남들은 신경조차 쓰지 않는다.

사람들이 나만 보고 있는 것도 아니다.

최악의 바보는 남을 의식하느라 원하는 것을 못하는 겁쟁이다.

남의 눈치나 보려고 태어났나? 그런다고 사람들이 떡을 주나?

꼴불견 소리 들을까 참았다고 표창장 주지 않는다.

즐기는 데 있어서 남의 시선 따위는 개나 줘버려라.

남에게 폐를 끼치지만 않는다면 맘껏 즐겨라.

남들이 비웃어서? 돈이 없어서? 아니다. 네 열정의 부족이다.

한 번뿐인 인생이다. 남김없이 불태워라.

두려움과 열등감에서 해방되어 매 순간을 즐기고 만끽하라.

가벼운 자는 뜨겁다 ·····

뜨거우면 가볍다.
가벼우면 떠오른다.

열정적인 자는 가볍다.
열정이 넘치면 작은 일에 무심하기 때문이다.

나는 인간의 더러움을 보았고, 나 자신을 추악함을 보았다.
나는 세상을 부정했고, 희망을 부정했다.
그러나 생명의 아름다움은 부정할 수 없었다.

자유롭게 살고 싶다면 뜨거워라.
뜨거운 공기가 떠오르듯, 뜨거운 자는 떠오른다.
그리하여 지면의 자잘한 요철에 부딪치지 않는다.

불타는 자는 불순물에 오염되지 않는다.
뜨거운 불이 불순물을 태워버리기 때문이다.

마음에 태양을 가져라.
꺼지지 않는 불을….

커튼을 열 때 · · · · ·

열린 자가 되라.
세상에 대해, 인간에 대해.
심지어 고통에 대해.

상처 입은 손은 문을 닫는다.
그러나 살아있는 손은 기어이 문을 연다.

생명은 그 자체로 가볍고 황홀하며 뜨거운 것.
창문을 열어 빛의 변화와 계절의 소멸을 받아들여라.
실망과 원망의 커튼을 걷고, 그대의 존재로 실컷 빛나게 하라.

지우지 마라. 그대의 자궁에서 살고파 몸부림치는 생명을.
번지는 눈물의 렌즈로 보라. 자신이 얼마나 찬란한 존재인가를.

生을 사랑하라.

인생의
규칙을
지켜라

행복의 기반은 규칙이다 ·····

시합마다 규칙이 있듯이, 인생에도 규칙이 있다.

인생의 규칙을 지키지 않으면, 그대는 인생이라는 지옥에서 슬퍼만 하다가 죽을 것이다. 고통의 의미를 깨닫지 못한 채로.

규칙에 갇혀야 자유로울 수 있기 때문이다.

사람들은 불행의 이유를 돈이 없어서, 또는 성공하지 못해서라고 한다. 그러나 잘 따져보면, 상당수는 규칙을 지키지 않아서다.

한 식당 주인이 쇠고랑을 찼다.

마약 유통에 가담했다가 걸린 것이다.

그는 범죄 이력이 없는 평범한 시민이었다. 그러나 돈을 쉽게 벌 수 있다는 유혹에 빠져서 인생을 망쳐버렸다.

돈과 성공도 필요하다.

그러나 인생의 규칙을 어기면, 돈과 성공조차 불행으로 끝난다.

인생의 규칙들은 우리의 삶을 보호한다.

행복의 기초가 되고, 함께 사는 기반이 된다.

더 넓은 자유와 활동을 보장한다.

규칙을 간과하지 마라

사람마다 살면서 발견한 규칙이 다 다르다.
사업가는 신용을 인생의 규칙으로 꼽을 것이다.
등반가는 끈기를 최고의 규칙으로 삼을 것이다.

그래도 일반적인 공통의 규칙들이 있다.
사랑, 배려, 신용, 성실, 양심, 공평 등.

인생의 기본 원칙을 인정하고 수용할 때, 그대는 비로소 인생이라는
무대에 설 수 있다.
축구황제 메시라도 규칙을 어기면 퇴장당한다.
행복이나 성공도 일단은 규칙을 지킬 때 가능한 것이다. 큰 성공을 이
뤘다가 나중에 불법이 드러나 망한 자가 얼마나 많은가?

그대가 불행하다면, 인생의 규칙을 지켰는지 돌아보라.
많은 사람이 규칙을 어겨서 곤경에 빠진다.
자기가 규칙을 어긴 것은 생각지 않고 세상을 욕한다.

즐기려면 지켜라

어려서 친구들과 축구를 할 때, 규칙이 따로 없었다.

그래서 툭하면 싸웠다. 반칙이다 아니다 하며.

그러니 축구가 재미없었다. 할수록 짜증만 났다.

그래서 하루는 규칙을 정하고 심판도 세웠다. 그러자 축구가 너무 재미있는 게 아닌가? 규칙 덕분에 축구의 재미를 안 것이다.

인생을 즐기고 싶은가?

규칙을 정하고 지켜라.

규칙은 내 맘대로 정하는 게 아니라, 사회적 합의에 맞아야 한다. 인생은 팀 스포츠이기 때문이다.

내 인생이라고 나 혼자 사는 게 아니다.

사회적 합의를 거스르는 규칙이라면, 사회적 저항을 받을 것이다.

규칙이 없어야 재미있을 것 같지만, 실상은 정반대다.

규칙이 있어야 게임을 즐길 수 있다.

인생의 규칙을 지켜야 인생이 재미있다.

규칙이 먼저다

나는 우울하고 불행했다.

원인을 찾아보니 인간관계 때문이었다.

나는 주변인들과 늘 마찰을 일으켰다. 그러니 한시도 편할 날이 없었다. 그러니 행복할 수 없었다.

배려와 존중이라는 인생의 규칙을, 나는 지키지 않았던 것이다.

행복의 규칙을 어기고 행복할 수는 없다.

원하는 게 있다면, 그와 관련된 규칙을 준수하라.

마이클 조던이라도 규칙을 어기면 그 뛰어난 기량을 펼칠 수 없다. 심판이 계속 호루라기를 불어댈 것이기 때문이다.

어린 선수들은 훈련에 앞서서 경기 규칙을 먼저 배운다.

유명인이 음주 운전, 갑질, 폭행 등으로 한순간에 추락하는 경우를 본다. 아무리 재능이 뛰어나도 규칙을 어기면 끝이다.

어쩌면 규범 정신이 능력보다 중요한 것이다.

인생의 미로에서 헤매고 있다면, 삶의 원칙을 지켰는지 검토해보라.

분명히 놓친 부분이 있을 것이다.

규칙은 성공의 기반이다　. . . . .

규칙은 귀찮고 성가시다.

그러나 규칙을 어기면 훨씬 힘들어지고, 아예 진로가 차단된다.

정치인에게 공천은 생명과 같다.

한 후보가 공천을 취소당했다. 원인은 재산 현황 허위 보고.

그는 새벽부터 길가에 서서 90도로 인사하며 선거 운동을 해왔다. 하지만 그 모든 노력이 허사가 된 것이다.

정직이라는 원칙을 어긴 결과였다.

더 빨리 얻겠다고 규칙을 어기면, 더 빨리 잃을 수 있다.

신호등을 어겼다가 충돌 사고가 나는 것을 본 적이 있다. 1분 빨리 가려다가 아주 못 가게 된 것이다.

인생의 규칙들은 내 길을 방해하는 것처럼 보인다.

그러나 규칙의 준수가 가장 빠른 길임을 명심하라.

규칙을 어기면 나중에 반드시 문제가 된다.

성공하고 싶다면, 인생의 규칙을 지키며 살아라.

규칙은 손해가 아니다.

규칙이 이익이다   .....

젊어서 행사에 관련된 일을 잠시 했었다.

그러다 보니 연예인들을 종종 봤는데, TV에서 보던 것과 달라서 놀랐던 기억이 있다.

일단은 외모다. TV에서 볼 때보다 외모가 훨씬 좋았다. TV에서는 그냥 괜찮네 싶던 분도 실제로 보니까 입이 떡 벌어진다.

주연급 남자 배우는 실물이 더 잘생겼고 체구도 좋았다. 키는 TV보다 머리 하나는 더 크게 느껴졌다. TV에서 볼 때는 몰랐는데, 얼굴이 하얘서 귀티가 흐르는 분들이 많았다.

여자 연예인 역시 실물이 훨씬 낫다. TV가 미모를 깎아 먹는다는 생각이 들 정도였다. 아마 TV는 평면이다 보니, 입체감과 생동감을 전해 주지 못해서 그런가 싶다.

가령, 당시에 조갑경 씨는 젊은 여가수였다. TV로 볼 때는 그리 예쁘다는 생각을 못 했는데, 실물을 보고 깜짝 놀랐다. 아담한 체구에 올망졸망한 이목구비, 정말 인형처럼 예쁘셨다.

물론 정반대의 경우도 있다.

어떤 남자 배우는 나보다도 키가 작았다. TV로 볼 때는 별로 작아 보이지 않았는데 말이다. 한 댄스 가수는 머리가 어찌나 크던지.

의외로 피부가 좋지 못한 분이 많았다. 안면이 곰보처럼 얽었거나. TV에서는 분장을 해서인지 잘 보이지 않았지만.

외모를 비하하는 건 아니다. 본 대로 말할 뿐이다. 추남인 내가 남의 외모를 비하할 수 있겠는가? 옳은 일도 아니고.

TV는 외모를 평균화하는 것 같다. 잘생긴 사람은 조금 못생기게, 못생긴 사람은 조금 잘생기게 말이다. 장신은 실제보다 작아 보이고, 단신은 실제보다 커 보인다. 그래서 결국엔 비슷해진다.

얼굴의 크기도 그렇다. 어떤 배우는 실제 얼굴이 엄청 컸다. 반대로 어떤 여배우는 얼굴이 주먹만큼 작아서 세상 사람 같지 않았다. 화면으로 볼 때는 서로 비슷해 보였는데 말이다.

TV에서는 외모의 차이가 줄어드는 셈이다. 한정된 화면 안에서 정확한 비교가 어렵기 때문이 아닐지.

성격도 생각하던 것과 달랐다.

가령 코미디언들은 TV처럼 말이 많고 웃기는 줄 알았다. 그러나 평상시의 코미디언들은 점잖고 과묵했다.

랄랄라 선생님으로 관중의 배꼽을 적출하던 최형만 씨가 생각난다. 어찌나 무게를 잡던지. 피부가 고운 귀공자 타입이었다.

단 한 사람, TV 모습과 실제 모습이 정확하게 일치한 개그맨이 있었다. 바로 깐족이 최양락 씨다.

행사 때문에 차를 마시며 얘기를 나누는데, 까불거리며 말하는 것과 촐싹거리는 동작이 TV에서 볼 때랑 똑같았다. 다른 데서는 모르겠지만, 적어도 내가 만났을 때는 그랬다.

나는 그 점이 더 맘에 들었고, 그 후로 그의 열렬한 팬이 됐다. 개인적으로는 최양락 씨가 가장 웃기는 개그맨이라고 생각한다.

서론이 길었다. 본론으로 들어가자.

나는 한 업체에 행사를 맡겼다.

출연진에는 유명 개그맨 3명이 포함됐다. 그런데 행사 시간이 됐는데도 오지를 않는 거였다. 관객들이 항의하고 난리가 났다.

전화를 해보니 차가 막힌다며 조금만 기다리란다. 결국, 1시간이 넘어서야 나타났다. 행사가 끝난 후 나는 대행사 사장을 추궁했다. 알고 보니 인근에 다른 행사를 하고 오느라 늦었던 것.

나 몰래 행사 하나를 더 잡았던 것이다. 그 행사가 늦게 끝난 데다가 차까지 막혔던 것. 나는 몹시 대노했다. 사전에 내가 시간 엄수를 당부했을 때, 그는 걱정 말라고 호언했었기 때문이다.

하지만 돈을 더 벌려고 한 지역에서 연달아 2탕을 뛰었던 것. 늦지만 않았다면 됐겠지만, 그 바람에 내 행사를 망친 것이다.

내가 어떻게 했겠는가? 그 후로는 그 사장에게 일을 맡기지 않았다. 그 바닥에서는 신용이 생명이기 때문이다.

그가 신용을 지켰더라면 나는 계속 일감을 잡아줬을 것이다. 그는 작은 이익 때문에 더 큰 이익을 놓친 것이다.

눈앞의 이익 때문에 인생의 규칙을 어기지 마라.

그 유혹을 이겨내라.

지금 당장은 이익일지 몰라도, 장기적으로는 손해다.

인생의 규칙을 공부하라 . . . . .

한적한 도로에는 자율 신호등이 있다.

아무리 기다려도 신호등이 바뀌지 않는 거였다. 계속 빨간불.

한참이 지났다. 뒤차가 경적을 울리고 난리가 났다.

그런데 옆을 보니 감지선을 밟으라는 팻말이 보였다. 앞바퀴로 감지선을 밟으니 파란불이 들어왔다.

그제야 나는 차를 출발시킬 수 있었다.

감지선을 밟으면 신호등이 바뀐다는 규칙을 몰랐기에 나는 교차로에 계속 갇혀있었다. 규칙만 알면 바로 빠져나갈 수 있었건만.

인생의 규칙을 몰라서 막히는 경우가 많다.

존중해야 존중받는다는 규칙을 몰라서 젊은 부부가 파경에 빠진다.

직원의 성장이 회사의 성장이란 원리를 몰라서 기업이 정체에 빠진다.

인생의 규칙과 원리를 배우는 일에 힘써라.

규칙을 모르거나 무시하면, 다음 단계로 성장하지 못한다.

경험과 실수를 통해 배워라. 인생의 선배들로부터 배우는 것도 좋다.

인생에도 규칙이 있으며, 인생은 그 규칙을 알아가는 과정이다.

인생의 규칙을 먼저 알아낸 자들이 선두 그룹을 형성한다.

규칙은 공동의 자유를 위한 최선이다　·····

규칙은 우리를 얽어맨다.
그러나 규칙은 얽어매기 위함이 아니요, 자유를 주기 위함이다.

농구에 규칙이 없다면 어떻게 될까?
다들 자기 맘대로 할 것이고, 경기는 엉망이 될 것이다.
규칙에 얽매일 때, 선수들은 자유롭게 경기장을 누빌 수 있다.

인생도 마찬가지다.
인생의 규칙을 지킬 때, 인생의 자유도는 최대치가 된다.

놀랍게도 자유는 규칙에서 나온다.
자유롭게 살겠다고 규칙을 어기면, 오히려 자유를 뺏긴다.
공동체에서는 규칙이 곧 자유다.

규칙은 목적이 아니다 . . . . .

규칙의 목적은 규칙이 아니다.
규칙은 규칙을 목적으로 하지 않는다.
규칙은 수단일 따름이다.

핸들링 반칙을 어기지 않으려고 축구를 하는 사람은 없다.
우리가 축구를 하는 이유는 축구를 즐기기 위해서다.

게으름을 피우지 않으려고 태어난 사람은 없다.
성실은 중요하지만, 성실하기 위해서 사는 사람은 없다.
우리가 인생의 규칙들을 지키는 이유는 행복하기 위해서다.

규칙을 지키되, '규칙주의자'가 되지는 마라.
쓸데없이 자유를 억압하는 규칙은 만들지 마라.
규칙은 나와 우리의 자유와 행복을 위한 것이다.

규칙이 주는 가벼움

· · · · · ·

가벼움은 방종이 아니다.
가벼운 자는 규칙을 지킨다.
규칙을 지킬 때 가벼워지기 때문이다.

가벼운 자는 규칙을 무시하지 않는다.
규칙을 지켜야 자유롭다는 사실을 아는 탓이다.

가볍게 살려면 규칙을 지켜라.
규칙은 문과 같아서, 규칙을 지키는 자에게 세상을 열어준다.

가볍게 살려면 순리를 따라라.
순리는 물살과 같아서, 순리를 따르는 자를 힘차게 밀어준다.

규칙은 옷과 같다. 옷을 입어야 밖으로 나갈 수 있다.
자유란 규칙을 벗는 게 아니라, 규칙을 입는 것이다.

반응의
3단계

마음의 기술이 필요한 이유 　·····

끔찍한 뉴스를 들었다.

한 주부가 6개월 된 딸을 15층 베란다 밖으로 던졌다.

원인은 남편과의 부부싸움이었다. 홧김에 친딸을 살해한 것이다.

살면서 문제가 없는 날이 있을까? 경제적 문제, 인간관계의 문제, 사고와 질병 등⋯ 한시도 우리는 문제에서 자유로울 수 없다.

문제 해결에 힘쓰지만, 시원하게 해결되는 경우는 적다.

그래서 마음이 중요하다.

자제력과 인내심이 없다면, 우리는 그 엄청난 스트레스를 파괴적으로 분출하고 말 것이다. 아기를 던져서 죽인 친모처럼 말이다.

하지만 스트레스가 계속 쌓이면 인내도 한계에 부딪친다.

최선의 방법은 자극을 받지 않는 것이다. 스트레스가 쌓이지 않게.

하지만 그게 맘대로 되나? 무인도에서 살지 않는 한 불가능하다.

그래서 마음의 기술이 필요하다.

외부의 자극을 물리적으로 조절하는 것에는 한계가 있기 때문이다.

어느 정도는 마음에서 조절할 수밖에 없다.

그것이 '심리적 반응을 조절하는 기술'이다.

가볍게 반응하라 · · · · ·

생물은 '자극과 반응의 체계'다.
자극을 감지해서 반응한다.

현대인의 반응은 너무 무겁다.
기분 나쁘게 쳐다봤다는 이유로 행인에게 주먹을 휘두른다.
가볍게 살려면 자극의 수용과 반응이 가벼워야 한다.

젊어서 나는 사소한 한마디에도 격분하곤 했다.
작은 문제에도 걱정하고 조바심을 냈다.
나이가 들어보니 왜 그랬을까 후회가 든다. 그토록 흥분하고 고민했
던 일들이 지금 생각하면 별일 아니었기 때문이다.

너무 심각하게 받아들이지 마라.
너무 예민하게 반응하지 마라.
세상사는 바람에 날려가는 솜털과 같다.
지금은 보이지만, 잠시 후엔 보이지도 않는다.

모든 현상은 스쳐 지나가는 것이다.
스치는 것을 영원한 것으로 오인하지 마라.
현상의 가벼움을 알 때 가볍게 반응할 수 있다.

지나친 의미 부여

의미를 부여하는 것은 좋다.
그러나 너무 과한 의미를 부여하지는 마라.
모든 의미는 적절해야 한다.

밤새 내린 눈의 엄청난 위력을 보라.
만물을 하얗게 덮고, 대지의 색깔을 바꾸며, 세상을 장악한다.
그럼에도 아침 햇살이 비추면 맥없이 녹아서 사라져버린다.
그러니 빙하기가 왔다며 울고불고하지 마라.

눈이 내렸을 뿐인데 세상의 종말로 여겨서야 되겠는가?
큰 문제 같지만 사실은 작은 문제일 때가 많다.
문제는 문제를 문제로 문제화하는 문제다.
작은 문제에 과도한 의미를 부여하면 진짜 큰 문제가 된다.

대부분의 문제는 너무 과한 의미를 부여함으로써 발생한다.
사소하고 무가치한 문제는 의미를 축소하라.
왜 스스로 문제를 키우는가?

개미냐 코뿔소냐   . . . . .

한 아이가 겁에 질려 외쳤다.
"엄마! 괴물이 나타났어!"
엄마가 차분하게 일렀다.
"돋보기로 보니까 그렇지."
돋보기를 빼고 보니 개미였다.

절대적 크기란 없다. 눈도 마음을 통해서 보는 탓이다.
마음은 렌즈와 같아서 확대하거나 축소한다.
확대해서 보면 개미도 코뿔소가 된다.
축소해서 보면 코뿔소도 개미가 된다.

실제 크기를 무시할 수는 없다. 감기와 암이 같을 수는 없다.
그러나 실제 크기가 문제가 되는 경우는 많지 않다.
부풀려진 크기가 문제를 일으키는 것이다.

코뿔소가 그대를 향해 달려오는가?
사실은 개미가 기어오는 것일 수 있다.

누가 개미를 코뿔소로 만들었나?
그대 자신이다. 그대의 걱정과 불안과 공포다.
괴물이 공포를 만들지 않는다. 공포가 괴물을 만든다.

무조건 축소는 아니다 　　　.....

왜 자꾸 무거워지는가? 왜 스스로를 무겁게 하는가?

그것이 그대 자신에게 무슨 유익인가?

우리를 괴롭히는 문제들의 대다수는 사소한 것임을 모르는가?

어떤 이는 문제를 작게 만들고, 어떤 이는 문제를 크게 만든다.

나쁜 것을 크게 만들 필요가 있을까?

자기 파괴적이고 소모적인 문제는 축소하거나 무시하라.

단, 모든 걸 축소하고 무시하라는 건 아니다.

중요한 문제는 함부로 축소해서는 안 된다.

특히 안전과 생명에 관한 일은 축소하지 말라.

룽시강에 여성들이 놀러 온다. 장마철이라 비가 많이 온 상태였다.

1차로 입수 금지 경고문을 무시하고 8명이 물속에 들어간다.

그들은 물가에서 사진을 찍으며 놀았고, 그 모습을 본 마을 사람들이 빨리 나오라고 소리쳤다. 2차로 그 경고를 그녀들은 무시한다.

댐의 수문이 열려서 수위가 높아지기 시작했다. 3차로 그 수위를 무시하고 그녀들은 계속 놀았다. 마침내 격류가 그녀들을 덮쳤다.

경고를 무시한 대가는 컸다.

1명을 제외한 7명이 익사했다.

불평을 제안으로 ......

시설 관리팀이 불평을 토로했다. 새로 제작된 작업복이 얇아서 찢어지기 쉽고 보온도 약하다는 얘기였다.

오히려 내근이 많은 관리부의 단체복이 더 좋았다. 비용 절감을 위한 차별이라는 말이 나올 만했다.

다시 만들 수는 없으니 그냥 입으라고 했지만, 불평은 사그라지지 않았다. 결국에는 사장의 귀에까지 들어갔다.

"옷 때문에 그 난리를 친다는 말인가?"

"주동자를 엄히 징계하십시오. 아니면 회사 분위기 망칩니다."

그러자 사장은 불평을 제기한 자들에게 상을 줬다. 굿 아이디어 상이었다. 그리고 두 부서의 제복을 바꿔서 지급하게 했다.

이로써 문제는 시원하게 해결됐고, 회사 분위기도 좋아졌다.

불평을 제안으로 바꾼 것이다.

사장이 불평을 무겁게 받아들여 징계했더라면 일은 커졌을지 모른다. 그러나 그는 불평을 제안으로 받아들임으로써 개선의 기회로 삼았다.

따져보면 불평은 문제점을 알려주는 순기능이다.

불평을 고맙게 여겨라. 통증이 없는 병이 더 무섭다.

살면서 저항에 부딪칠 때가 많다. 그때마다 무겁게 반응하면 어떻게 되겠는가? 상황만 악화되고, 본인은 지쳐서 쓰러진다.

가벼워야 유연한 대응이 가능하며, 창조적인 결과를 생산한다.

반응의 3단계

반응의 3단계는 이렇다.

'자극의 수용 → 분석과 결정 → 반응의 실행'

이 각각의 단계를 조절하는 것이다.

가령, 1단계에서는 자극을 완화해서 수용하라. 즉, 둔감해져라.

예민한 사람은 작은 자극에도 과민하게 반응한다. 그런 사람은 둔감해질 필요가 있다. 그런데 성격을 맘대로 바꿀 수 있나?

방법이 있다. 몇 번 연습하면 효과를 볼 수 있다.

뒤에서 설명할 '거리법'과 '시간법'이 그것이다.

2단계는 자극을 분석하고 반응을 결정하는 단계다. 거기에는 성격과 가치관, 취향 등이 반영된다.

가급적 긍정적이고 우호적으로 자극을 해석하라.

그것이 정신 건강에 좋다.

3단계는 반응을 표출하는 단계다.

공격적이고 파괴적인 반응을 삼가고, 부드럽게 반응하라.

많은 충돌을 막아줄 것이다.

거리법

사람 간에 거리가 있다는 사실을 아는가? · · · · ·

미국의 연회장에서 남부인과 북부인이 만났다.

남부인은 좌측에, 북부인은 우측에 서서 대화를 시작했다.

나중에 보니 그들은 우측 벽에 가 있었다. 어떻게 된 일일까?

남부인은 말하면서 다가갔고, 그러면 북부인은 뒤로 물러섰다. 그것이 반복되어 둘은 우측으로 조금씩 이동했던 것이다.

이 유명한 일화는 '심리가 거리에 미치는 영향'을 말해준다.

외향적인 남부인은 거리를 좁힌 반면, 내성적인 북부인은 거리를 벌렸다. 성격 및 관계에 따라 사람 간의 거리가 달라지는 것이다.

우리는 낯선 사람과는 무의식적으로 거리를 둔다. 그러나 친한 사람과는 숨결을 느낄 만큼 거리를 좁힌다.

집안에서 부부는 포용하고 함께 눕기도 한다. 하지만 낯선 사람에게 그랬다가는 난리가 날 것이다.

그것을 역으로 이용한 것이 '거리법'이다.

거리를 통해서 심리를 통제하는 것이다.

불이 뜨거운 이유   ······

아이가 모닥불을 쬐다가 말했다.

"아빠. 불이 너무 뜨거워요."

"불이 뜨거운 탓도 있지만, 네가 불에 가까운 탓도 있단다."

그리고 아빠는 아이를 뒤로 조금 물러나 앉게 했다.

"이제는 어때?"

"딱 좋아요! 뜨겁지 않아요!"

외부의 충격이 날마다 우리의 마음을 두들겨댄다. 일에서 오는 스트레스, 사람과의 갈등, 느닷없는 사고 등.

　그 충격을 가까이서 맞으면 견뎌낼 장사가 없다.

　모든 인간의 마음은 유리처럼 약하기 때문이다.

　대상에게 달라붙지 마라.

　달라붙어 있으면 충격을 고스란히 받는다.

　따라서 대상과 일정한 거리를 둬라.

　마음속에 심리적인 거리를 만드는 것이다.

　그리하여 외부의 충격을 완화시킨다.

　그것이 거리법이다.

심리적 거리

심리적 거리란, 의식적으로 대상과 자신을 분리하는 태도다.

이런 말을 많이 들어봤을 것이다.
'교감이 중요해.', '친화력이 중요해.'
속지 마라. 주체성을 상실하는 지름길이다.
그 달콤한 말에 속아서 대상에 달라붙어 버리는 자들이 있다.

물론 교감과 친화력은 중요하다. 그러나 점착과 동화는 아니다.
주체적인 존재로서 교감해야지, 상대에게 동화돼 끌려가선 안 된다.

항상 대상과 자신을 분리하라.
대상에 달라붙지 마라.
걱정 마라. 분리 상태에서도 얼마든지 교감할 수 있다.
아니, 오히려 대상과 분리돼야 건강한 교감을 할 수 있다.

거리를 만드는 법 ·····

거리법은 '대상이나 문제와 일정한 거리를 둠으로써. 내가 받는 자극의 강도를 완화하는 기술'이다.

여기서 거리란 '심리적' 거리다.
그것이 충격을 완화하는 완충재의 역할을 한다.

떨어져 있으면 충격을 직접적으로 받지 않는다.
심리적으로 그런 간격을 만드는 것이다.
그러면 외부의 자극이 약해져 들어오니 내 마음을 강타하지 못한다.

모든 존재와 일정한 거리를 둬라. 고립된 섬처럼.
물웅덩이로 둘러싸인 성처럼. 누구도 너를 함락하지 못한다.
서로 떨어져 빛나는 별들처럼. 그래야 밤하늘이 별들로 가득 찬다.

대상에 동화되기보다
의식적으로 냉철하고 분리적인 태도를 견지하라.
외부의 자극을 즉각 수용하지 말고
완화와 선별의 과정을 거쳐서 수용하라.

상상의 간격을 연습하라

나는 성격이 급하고 용렬해서 화를 잘 내고 쉽게 흥분했다.

이에 나는 한 걸음 뒤로 물러서는 상상을 했다.

상대와의 심리적 거리를 벌린 것이다.

그러자 놀라운 일이 벌어졌다. 감정이 가라앉고 마음에 여유가 생겼던 것.

처음에는 물리적 거리를 상상하는 것이 도움이 된다.

가령, 상대와 나 사이에 2m 정도의 거리를 마음속으로 그리는 것이다.

(상대에 따라서는 1m가 될 수도 있다.)

그와 내가 2m 떨어져서 얘기를 나누는 것처럼 말이다.

그렇게 사람을 만날 때마다 상상의 거리를 두는 연습을 하라.

이 방법이 우스울 것 같지만, 실제로 써보면 효과가 크다.

특히 만날 때마다 화가 치미는 사람한테 사용해보라. 그와 나 사이에
일정한 거리가 있다고 상상하라.

그러면 그가 어떤 말을 하든지 흔들리지 않는다.

심리적 거리가 외부의 자극을 약화시켜 주기 때문.

주체성은 거리에서 나온다 . . . . .

대상과 거리가 가까우면, 그것의 영향을 받을 수밖에 없다.
그래서 심리적 거리를 둬야 한다.
거리가 없으면, 누구나 상대에게 휘둘린다.

그 심리적 거리가 전혀 없는 여직원을 본 적이 있다.
남이 조금만 지적해도 울상이 돼서는 '죄송합니다!'를 연발한다. 정말
자기 잘못인가는 따져보지도 않고.
반대로 남이 조금만 칭찬해도 '감사합니다!'를 외치며 황공해 한다.
칭찬한 사람이 머쓱할 정도로.
(개인 프라이버시 보호를 위해 모든 신상은 대략 기재함.)

착하고 순수해서 그렇다.
그러나 냉정하게 말하면, 주체성이 없는 거다.

심리적 거리가 없는 자는 즉각적으로 반응한다.
판단할 여유가 없는 탓이다. 그러니 수동적이 된다.

남의 말을 무조건 믿지 말고 비판적으로 검토하라.
겉으로 드러내지는 못하더라도 속으로는 분석하라.
주체성을 지키기 위해서는 마음에 벽을 둘러야 한다.

벽이 없으면 문도 없다　　　⋯⋯

확고한 주체성을 가지고, 자신만의 세계를 건설하라.
자신의 세계를 성벽으로 둘러싸라.
벽이 없으면 세계를 지킬 수 없다.

마음에 벽이 없는 자가 의외로 많다.
그런 자가 폐쇄적으로 보인다. 벽이 없으니 더욱 움츠러드는 것.
살짝 쳐도 픽 쓰러진다. 벽이 없기 때문이다.

집에는 벽과 문이 다 있어야 한다.
벽 없이는 내면을 지킬 수 없고, 문 없이는 외부와 소통할 수 없다.

벽이 없는 집은 개방형이 아니다. 주인 없는 땅일 뿐.
벽으로 막고 문을 열어야 개방이다.
그런데 벽이 있어야 문도 있다.
따라서 벽이 있어야 개방형이다.

단, 세상과 단절되지는 않게 하라.
마음의 완충재는 차단이 아니라, 외부와 더 잘 소통하기 위함이다.
　마음이 안정되고 건강해야 세계와 주체적으로 활발히 교통할 수 있는
것이다.

거리는 정체성을 보호한다 · · · · ·

우리 각자가 주체적인 존재인 것은, 구별된 존재이기 때문이다.
구별되려면 서로 떨어져 있어야 한다.
거리가 없으면 정체성도 없다.
정체성을 지켜줄 보호막이 없는 탓이다.

어린애는 엄마랑 밀착해서 떨어지려 하지 않는다.
그러면 영원히 유아기에 머물러 어른으로 성장하지 못한다.
독립된 자아로서의 성장은 분리와 거리에서 비롯되는 것이다.

홀로 단절되라는 게 아니라, 주체적으로 교통하라는 얘기다.
수용하더라도, 나 자신의 정체성이 파괴돼서는 안 된다.
외부와 교통하되, 정복당하지는 말라.

최적의 거리를 찾아라

대상과 거리를 두는 모습은 무정하고 야멸치게 보일 수 있다.
무조건 멀리 떨어지라는 게 아니다.
상대에 따라 거리를 적절히 조절하라.

힘들어하는 친구를, 거리를 둔답시고 냉담하게 대하면 되겠는가?
남은 괴로워 죽겠는데, 자기는 세상을 초탈했다면서 싱글벙글 웃는
사람이 있다. 솔직히 뺨을 때려주고 싶다.
슬픈 사람을 보면 함께 울어줘라.

가까운 친구나 가족한테는 거리를 좁혀도 된다.
반대로 강한 자극에 대해서는 거리를 벌리는 등, 간격을 조절하라.

너무 가까우면 주체성을 잃고,
너무 멀면 소통과 교감을 할 수 없다.

태양과 가까우면 타 죽고, 태양과 멀면 얼어 죽는다.
태양은 지구와 최적의 거리에 있는 것이다.
그렇듯 대상과 상황에 따라 최적의 거리를 맞춰라.

시간법

성급한 반응을 하는 이유 　 .....

시간법은 자극과 반응 사이에 시간차를 두는 것이다.
거리법이 외부의 자극을 완화시키는 것이라면,
시간법은 내 반응을 지연시키는 것이다.

우리의 마음은 자극을 감지하고 분석하고 판단해서 반응한다.
크게 보면 3단계다.
'수용계 → 분석계 → 반응계'
그런데 자극을 감지하자마자 반응하면 분석계를 거칠 수 없다. 그래
서 정확한 판단을 못 하고 부적절한 대응을 하게 된다.

그렇게 성급한 반응을 하는 것은 대부분 공격을 당할 때다.
평소에는 침착하던 사람도 상대의 독설이나 비난을 받으면 감정이 폭
발하면서 즉각적으로 반응한다.
또 한 가지는 긴장이나 공포다. 맹수에게 쫓기면 동물은 살기 위해 반
응의 속도를 높인다. 그처럼 우리도 긴장하면 비상이 발령되고, 그러면
반응의 과정은 생략되거나 축소된다.

해결법은 간단하다. 반응을 조금만 늦추는 것이다.
즉, 지연을 시키는 것.
반응할 때 약간의 시간차를 둬라.

호흡 한 번

나는 생각하지 않고 말하는 못된 버릇이 있었다. 그래서 말실수가 잦았다. 고치려고 했지만 잘 되지 않았다.

그런데 병원에서 내시경을 받을 때, 간호사가 힘들면 심호흡을 하라고 했다. 그것이 긴장 완화에 도움이 됐다.

나는 그 방법을 사람을 대할 때 써보았다. 대답하기 전에 호흡을 한두 번 했던 것이다. 그러자 여유가 생기면서 대화를 잘 풀어갈 수 있었다.

남의 말이 끝나기도 전에 화를 내며 대드는 밉상, 그게 나였다.

나처럼 폭발적인 반응, 즉각적인 행동이 문제가 되는 분이라면 '호흡법'을 써보기 바란다.

가령, 숨을 한두 번 쉬고 대답하는 것이다.

그 한 번의 호흡이 외부의 자극에 대한 내 반응을 잠시 지연시켜주고, 고조된 감정을 순간적으로 가라앉혀 준다.

그럼으로써 침착하고 적절한 대응이 가능해진다.

1초의 힘

반응에 시간차를 두는 것인데, 아주 짧은 시간도 좋다.

단 1초만 반응을 늦춰도 우리의 마음에는 큰 여유가 생긴다.

마음의 1초는 결코 짧은 시간이 아니다.

1초면 마음속에서는 수많은 일이 벌어진다.

그 1초 동안에 흥분을 가라앉힐 수 있고, 냉정함을 되찾으며, 상대에

게 대답할 최적의 말을 떠올릴 수 있다.

악보에는 쉼표라는 것이 있다.

쉼표의 길이는 짧고, 한 곡에 몇 개 되지 않는다.

하지만 쉼표가 없다면 어떻게 될까? 노래는 이상해지고, 가수는 숨이

가빠서 노래를 끝까지 부르지도 못할 것이다.

그렇듯 짧은 쉼표가 있고 없고는 엄청난 차이다.

고로 1초를 무시하지 말라.

마음의 1초는 대단한 위력이다.

단 1초 만이라도 마음에 여유를 가져라.

즉각 되받아치지 말고, 1초 후에 반응하는 습관을 들여라.

작은 여유가 생사를 가른다 ......

즉각적으로 반응하지 마라.
그럼 늦지 않겠냐고?
1초면 된다. 1초는 긴 시간이다.
1초만 생각해도 실언을 줄일 수 있다.
1초만 진정해도 사고를 막을 수 있다.

잔소리에 격분해서 아내를 살해한 남편.
일찍 다니라는 한 마디에 친모를 살해한 아들.
1초만 참았어도 살인을 피했을지 모른다.

모든 반응을 멈추고, 호흡을 한 번 하라.
그러면 1초가 지나간다.
자기 감정의 매몰에서 벗어날 수 있는 충분한 시간이다.

잠시 생각하는 척이라도 하라.
척만 했는데 적절한 대답이 떠오른다.
여유만 주면 내 머리가 자동으로 정답을 골라내기 때문이다.

조급함과 여유는 한 걸음 차이다.
1초의 여유로도 평정심을 찾을 수 있다.

마음을 완충재로 감싸라

인간의 마음은 계란과 같다.

그냥 계란이 아니라, 쉼 없이 두들겨 맞는 계란이다.

실제로 나는 현대인에게서 성한 마음을 본 적이 없다.

퍼렇게 멍들고, 피가 흐르고, 부서지고, 깨진 마음들뿐이다.

완충재가 없는 탓이다.

충격을 직접 받으면 깨지지 않을 계란이 있을까?

우리의 마음에도 완충재가 없다면? 생각만 해도 끔찍한 일이다.

완충재 없이 온전할 마음은 없다.

일상의 무수한 충격들로부터 마음을 보호하는 길은 단 하나다.

마음을 완충재로 감싸는 것.

거리법과 시간법도 그러한 '마음의 완충재'다.

심리적 거리와 심리적 시간을 마음에 둬라.

그렇게 외부의 충격을 완화시켜, 마음을 직접 때리지 못하게 하라.

지구와 달의 차이

지구와 달의 차이가 뭘까? 대기의 유무다.
지구는 대기가 있고, 달은 대기가 없다.
달에는 대기가 없어서 운석이 그대로 떨어진다.
지구는 대기가 있어서 운석이 타서 없어진다.

마음의 완충재가 바로 그런 대기층과 같다.
대기층이 지구를 보호하듯 마음을 보호하는 것.

달에는 운석이 떨어져 생긴 분화구가 많다.
완충재가 없는 마음도 상처투성이다.

달에만 운석이 떨어진 걸까? 아니다. 지구에도 떨어졌다.
차이는 운석이 아닌 대기층의 유무다.
지구에도 운석이 떨어지지만 대기가 막아주듯, 건강한 마음도 똑같이
충격을 받지만 완충재 덕분에 상처가 없는 것이다.

마음을 완충재로 감싸라. 주체성, 분리, 여유, 자신감.
모든 사람의 마음은 똑같이 약하다. 완충재의 차이뿐이다.

연습해서 습관화하라

사람과 문제를 대할 때 항상 심리적 거리를 둬라.
행동하기 전에 순간적 여유를 거쳐라.

거리법은 대상과의 간격이며, 시간법은 반응의 시간차다.
적용하기도 쉽다.
대상과의 거리를 상상하고, 1~2초의 호흡을 하면 된다.

상대가 불쾌한 말을 던진다?
거리법을 통해 당황하지 말고 나를 진정시켜라.
시간법을 통해 최적의 응답을 찾아내라.

많은 연습을 해야 한다. 한두 번에 안 된다.
일단 습관화되면, 자동으로 마음에 보호막이 생긴다.

냉담하고 무정한 인간이 되라는 게 아니다.
마음의 안정 위에서 마음껏 소통하고 교감하라는 얘기다.
바닥이 단단해야 안심하고 뛰어놀 수 있듯이.

흡수법

흡수해서 없앤다 ･ ･ ･ ･ ･

흡수법은 빨아들여 없애는 것이다. 스펀지처럼.
그래서 '스펀지 전술'이라고도 한다.

내가 쇼핑몰에서 일할 때, 멘탈 갑인 선배가 있었다.
팀장이 호통을 친다.
그런데 팀장한테 혼나면서도 선배는 동요가 없다.
"알겠습니다. 미처 생각을 못 했는데, 앞으로 주의하겠습니다."

나랑은 딴판인 바, 나는 지적을 당하면 인상을 쓰고 팀장한테 대들기까지 했던 것이다.
그러나 선배는 어떤 말을 들어도 감정의 동요가 없다. 고개를 끄덕이고 메모를 해가면서 팀장의 지적을 경청한다.

고객한테 컴플레인이 들어와도 선배는 차분히 대응했다.
"아, 그런 뜻은 아니고요. 고객님의 입장은 충분히 이해합니다."
고객의 불평을 성심껏 들어주며 호응한다.
"당연히 기분이 나쁘셨겠죠. 저라도 그랬을 겁니다."
처음에는 고함을 지르던 고객도 서서히 잠잠해진다.
"고객님의 고견을 담당자한테 꼭 전달하겠습니다."
잘 들어주고 이해해주니 더는 화를 낼 수가 없는 것이다.

스펀지가 되라 　　　· · · · ·

흡수법은 충격을 내가 흡수해버리는 것이다.

따라서 스펀지처럼 돼야 한다. 그래야 충격을 흡수할 수 있고, 충격을 흡수하더라도 다치지 않는다.

돌처럼 단단하면 충격을 받아 깨지고 만다.

즉, 스펀지처럼 부드럽고 유연해야 한다.

그래서 흡수법은 상당한 연습과 내공이 필요하다.

거리법과 시간법이 숙달된 후에 시도하기를 권한다.

유리는 충격을 쳐냄으로써 깨져버린다.

반면에 스펀지는 충격을 흡수하여 오히려 자신을 지킨다.

딱딱하면 충격을 받지만, 부드러우면 충격을 감쇄한다.

스펀지처럼 부드럽게 흡수하라.

평화를 누릴 것이다.

이익을 생각하라

정면 돌파를 해야 할 때도 있지만, 문제를 조용히 끌어안음으로써 여파를 최소화하는 방법도 있다.

어떤 게 좋다기보다, 상황에 따라 선택할 문제다.
그럼 어떻게 선택하는가?
그로 인한 결과를 생각하라. 그러면 답이 나온다.

나처럼 화를 내며 받아쳤다면 어떻게 됐을까?
득보다 실이 많았을 것이다.
싸워서라도 지켜야 할 중요한 것이라면 싸워라.
그렇지 않다면 담담히 받아들여라.

그로써 얻는 것을 생각하라.
평화를 지킬 수 있고, 문제의 확산을 피할 수 있다.
얼마나 엄청난 이득인가?

속병 들지 않는 법   · · · · · ·

흡수법은 속병이 들지 않을까? 꾹 참고 수용하니 말이다.
그렇지 않다. 그것은 감정만 내세울 때의 얘기다.

자존심을 다친 것만 생각하면 속병이 든다.
그러나 그로 인해 얻는 이익을 생각하면 속병이 들지 않는다.
그 이익이 훨씬 크다는 걸 알면 오히려 기분이 좋아진다.

"수건을 썼으면 똑바로 걸어놔야지."
옹졸한 나는 절대로 받아들이지 않는다.
"그놈의 잔소리!"
그러면 또 대판 싸우고, 며칠간 서로 힘들어진다.
그러다 그런 생각이 들었다. '이깟 수건 하나가 싸울 일인가?'
그래서 수건을 잘 정돈하는 등, 상대가 원하는 대로 해주었다.
그러자 평화롭다. 분위기가 좋아진다. 기분도 좋다.

생각해보라. 조금 참아서 속상한 게 힘들까?
아니면 대판 싸워서 속상한 게 힘들까?

진정한 승리

。。。。。

혹자는 따질 것이다.

감정을 누르지 말고 분출해야 화병 들지 않는다고.

그대가 황제라서 화를 내도 다들 조용히 듣는다면 그렇게 하라.

그러나 내가 감정을 분출하면 상대도 분출한다.

그러면 전쟁이 시작된다. 자, 화병을 피하려다 죽게 생겼다.

참으면 화병 든다고? 참지 않으면 화병 더 든다.

대화로 풀 수 있다면 가장 좋으나, 그것도 여의치 못할 때가 많다.

사소한 일이라면 그냥 잊고 넘어가기를 권한다.

모든 걸 참으라는 게 아니다. 싸울 가치가 있으면 싸워라.

하지만 생각해보라. 우리가 피 튀기며 싸웠던 일 중에, 그렇게 싸울

가치가 있던 일이 얼마나 될까?

하찮은 일을 참아서 중요한 일을 이뤄라.

그게 진짜 승리다.

무시받지 않으려면 　　　· · · · · ·

참지 못하는 건, 양보는 약자요, 인내는 패자라는 생각 탓이다.
그러나 참는 자가 강자요 승자다.
쓸데없이 힘을 낭비하지 않고 평화를 지켰으니, 승자 아닌가?

그러나 계속 참고 용서하면 바보로 보일 수 있다.
점잖고 선량한 직장 동기가 있었다.
내가 잘못해도 허허 웃고 너그러이 용서하던 친구였다.
그러자 비열한 나는 그를 우습게 여기기 시작했다.
하루는 그에게 빨리 넘길 일이 있었는데, 나는 다른 일을 먼저 했다. 대
놓고 그를 무시한 것.
그러자 그 점잖은 친구가 불같이 화를 냈다. 나는 놀라서 싹싹 빌었
다. 그리고 다음부터는 그를 무시하지 못했다.

분명히 내 잘못이다. 다만 그에게도 약간은 책임이 있다고 생각한다.
그 친구가 무조건 받아줬기에 나도 모르게 쉽게 생각하게 됐던 것.
따뜻하게 용서하되, 무작정 용서하지는 마라.

참을 때, 당당한 태도로 하라.
할 수 없이 참는 게 아니라, 평화를 위해 참는다는 태도로.
그래야 무시받지 않는다.

분별해서 행하라 ·····

무조건 참고 수용하라는 게 아니다.
중대사는 참지 말고 적극적으로 대처하라.

내 친구가 여사원을 추행했다는 의혹을 받다.
그 여사원은 고소하지 않고 직장 내에 소문만 냈다.
내 친구는 사실무근이라고 펄쩍 뛰었다. 그리고 경찰 조사를 요청했다. 그러자 여사원이 꼬리를 내렸다. 거짓말이었다고.
알고 보니 업무상 다툰 일이 있었는데, 그녀가 앙심을 품고 내 친구에게 성추행의 누명을 씌운 거였다.

이럴 때는 당연히 목숨 걸고 싸워야 한다.
적극적으로 권리와 명예를 지켜야 할 때가 있다.

그 외의 사소한 문제라면 너그러이 수용하라.
참아서 더 좋은 걸 얻을 수 있다면 참아라.

갈등을 끝내는 포용

가장 힘든 수용은 사람을 받아들이는 일이다.
내가 가장 못한 것도 포용이었다. 나는 사람을 포용하지 못했다.
포용이 힘든 것은, 가시를 품는 일이기 때문이다.
포용은 나를 찌르는 사람을 포용하는 것이니.

하지만 인간끼리 일하려면 포용력은 필수다.
포용이 주는 이점이 너무 크다. 적을 동지로 바꾼다.

사람 사이에 가장 중요한 덕목은 포용력이다.
포용력 없는 사람이 성공한 경우를 보지 못했다.
성공의 자산은 사람인데, 포용력이 있어야 사람이 따르기 때문이다.

흡수법을 이용해 마찰을 줄이고 피해를 피해라.
그 엄청난 유익을 생각하면, 흡수법이 힘들지는 않을 것이다.
더 큰 이익을 생각하며 즐겁게 포용하라.

이기적인 자가 포용력이 크다 ·····

흡수법은 수동적이며 이타적이라고 생각하기 쉽다.

실상은 정반대다.

흡수법은 적극적으로 이익을 꾀하는 가장 이기적인 방식이다.

우리가 자존심을 내세우는 것은 덜 이기적이기 때문이다.

충분히 이기적인 사람은 자기 감정에 휘둘리지 않는다.

운전할 때 다른 차량과 시비가 붙을 때가 있다.

상대에게 주먹을 휘둘러 소송을 당하고 거액의 합의금을 무는 자가

있는가 하면, 먼저 양보하고 평화롭게 넘기는 자가 있다.

누가 더 이기적인가?

흡수법은 적극적이고 이기적이다.

자존심이 상한다면, 자기애가 부족함을 반성하라.

고도로 이기적이 되라.

중국 한나라의 명장 '한신'의 일화는 그대도 알 것이다.

그가 무명시절, 동네 건달이 시비를 걸었다.

이에 한신은 건달의 가랑이 사이를 기어서 지나갔다.

사람들은 그를 겁쟁이라고 놀렸지만, 야심가였던 한신은 자신의 장래를

위해 잠깐의 치욕을 참았던 것이다.

그의 고차원적인 자기애를 본받아라.

마음에 바다를 가진 자 `.....`

세상의 많은 것들이 날마다 마음속으로 들어온다.
고로 마음이 작으면 버텨내지 못한다.

붉은 잉크를 물컵에 떨어뜨리자.
물컵의 물이 빨갛게 변할 것이다.
이번에는 바다에 떨어뜨리자.
바다가 붉게 변할까?

물론 아니다. 잉크를 다 들이부어도 바다는 변함이 없다.
바다가 너무 커서 잉크를 희석하기 때문이다.

마음에 바다를 가져라.
바다처럼 포용해서 희석하라.
용서의 희열에 중독돼라.

이기심이 극에 달하면 마음에 바다가 생긴다.
마음에 바다를 가진 자가 가장 이기적이며 간교한 자다.
나도 살면서 몇 명 보지 못했다.
바다와 같아서 태풍이 쳐도 끄떡없으며, 우주를 삼킨 블랙홀 같았다.

정 리

감정적으로 대응하지 말고, 넓은 마음으로 충격을 흡수하라.
그로 인해 얻는 '원만한 해결' 같은 가치들을 생각하라.

한순간 욱해서 평생 후회하는 사람을 많이 봤다.
인생은 끝없는 충돌인 바, 부드럽게 흡수할 줄 모르면 못 버틴다.

성격을 말하는 게 아니다.
무뚝뚝하지만 일 처리는 원만한 사람이 있고, 상냥한 것 같은데 일
처리는 꽉 막힌 사람이 있다.
성격이 아니라, 깨달음이고 배움이다.

수없는 충돌을 통해 깨닫는 것이다.
결국에는 자신이 변해야 함을.

긍정적으로
해석하라

7

자극을 가볍게 해석하라 .....

1단계인 '자극의 수용'에 대해 알아봤다.
2단계인 '분석과 결정'에서는 어떨까.
자극을 가볍게 생각하고 긍정적으로 해석하기를 권한다.

심각한 생각이 심각한 상황을 만든다.
상황 자체보다, 본인의 생각이 상황을 악화시키는 것이다.
안전과 책임에 관한 일은 심각하게 생각해야겠지만, 그렇지 않은 일은
가볍게 생각하라.

가볍게 생각하라는 것은 소홀히 여기라는 뜻이 아니다.
여유와 유연성과 자신감을 가지라는 얘기다.

살면서 직면하는 수많은 위기와 문제들.
겁부터 먹지 말고, 담담하고 자연스럽게 대처하라.
다 인간이 하는 일이고, 누구나 겪는 일이다.

나도 많은 위기를 겪었고, 그때마다 울고불고했지만, 지나고 보니 찰
나의 순간에 불과했다.
왜 순간 때문에 영원히 고통받는가?
모든 것은 인생이라는 선분의 한 점일 뿐.
점을 늘려서 직선을 만들지 마라.

어리석은 왕 ······

한 왕이 겁에 질렸다. 적군이 쳐들어온다는 보고를 받고.

"대군이 몰려올 거야. 우리 성을 함락시키려고 말이야."

그리고 왕은 머리를 쥐어뜯으며 울부짖었다.

"우리는 약소국인데, 대군을 어떻게 막는다는 말인가?"

왕의 탄식을 보고 신하들도 겁에 질렸다.

"우리 모두 무자비한 살육을 당할 것입니다!"

"그럼 차라리 항복하고 목숨이라도 건지는 게…."

그리하여 그들은 백기를 흔들며 성문을 열어주었다.

그런데 성안에 들어온 적군을 보고 그들은 경악했다. 적군의 수가 많지 않았기 때문이다. 그들의 군대보다도 적었다.

하지만 이미 무기를 버리고 투항했기에 그들은 저항할 수 없었다. 모조리 적국의 노예가 되고 말았다.

이 어리석은 왕에게서 무엇을 보는가?

우리 자신의 모습이다.

우리는 얼마나 쉽게 좌절하고 포기하고 주저앉는가?

조금만 힘든 일이 생겨도 죽을 것처럼 호들갑을 떤다.

세상사에 너무 많은 무게를 주지 마라.

무게는 내가 주기 나름이다. 정해진 게 아니다.

먼지를 바위로 만들어서 스스로 깔리지 마라.

위기를 만났을 때 · · · · ·

어차피 고통은 또 온다. 그러니 담담하라.

위기를 굳이 부풀리지 마라. 아직도 남은 위기는 많다.

인생은 고통스럽기 때문에 고통스러워할 필요가 없는 것이다.

고통에게 구걸하지 마라. 고통은 피도 눈물도 없다.

고통스러워한다고 봐줄 고통이 아니다.

미풍에도 쓰러지면 태풍을 어떻게 견디려는가?

주사를 맞고 울면 수술을 어떻게 받으려는가?

다 살게 돼 있으니 걱정하지 말고 차근차근 헤쳐 나가라.

- 너무 크게 보지 마라. 고스란히 내가 감당할 무게가 된다.
- 위기가 와서 고생할 수는 있으나, 다 극복하게 된다.
- 극복하지 못하더라도 시간 속에서 서서히 희미해진다.
- 실패해도 괜찮다는 생각을 가져라. 최선을 다했으면 됐다.
- 결과에 목매지 마라. 일을 망쳤다고 인생 종 치는 거 아니다.

타인을 대하는 자세 ....

사람을 너무 과대평가하지 마라. 사람은 사람일 뿐이다.
사람을 두려워하면 아무것도 못한다.

그렇다고 막 대하라는 게 아니다. 사람을 존중하라.
존중하되 두려워하지는 마라. 그래 봤자 인간이다.

인간은 다 약하다. 그 약함을 숨길 뿐이다.
굉장해 보이는 위인도 가까이서 보면 결함투성이다.

영웅을 존경하는 것은 좋지만, 숭배하지는 마라.
실체를 알면 실망한다.
완전한 인간은 없다.

인간에 대한 기대는 반드시 실망으로 바뀐다.
인간은 인간으로만 대하고, 다른 무엇으로 여기지 마라.
인간은 인간 이하도, 인간 이상도 아니다.

자신감을 주는 비밀

초보 사원 때, 처음 일을 맡아서 거래처 직원을 만났다.

대인기피증이 심했던 나는 긴장이 됐다. 더욱이 맞춰볼 부분이 있어서 팽팽한 기 싸움이 오갔다.

상대 직원은 무척 세 보였다. 공격적이고 목소리도 컸다.

그래서 나는 그가 무서웠다.

그가 먼저 악수를 청했다. 나를 험상궂게 내려다보면서 말이다. 나는 주눅이 들어서 감히 그를 올려다보지도 못했다.

그런데 그의 손끝을 보니 가늘게 떨고 있었다. 그리고 맞잡은 손바닥이 촉촉했다. 그도 긴장하고 있었던 것이다.

그 사실을 깨닫자 나는 두려움이 씻은 듯 사라졌다. 갑자기 용기가 솟았다. 나는 호기롭게 웃으며 대화를 주도하기 시작했다.

사람은 누구나 타인에 대한 막연한 공포를 갖고 있다.

그 비밀을 아는 자가 사람을 만날 때 자신감이 넘친다.

권력가나 재력가가 강해 보여도, 그 속에 숨은 인간 자체는 한량없이 허약한 존재다. 갑옷을 벗기면 연약한 피부가 드러나듯.

그런데 왜 사람을 두려워하는가?

상대도 너를 두려워한다.

그걸 알면 두렵지 않다.

타인에 대한 두려움을 없애면?　　. . . . .

권투 선수가 말한 바 있다.
시합에서 중요한 것은 펀치나 맷집이 아니라고.
'기선 제압'이라고.
아무리 펀치가 세도 기선에서 밀리면 진다.

그래서 선수들은 기 싸움이 심하다. 서로를 삼킬 듯 노려보며 매서운
인상을 날린다.
그 허세에 속아서 겁먹지 마라. 부딪쳐보기 전에는 알 수 없는 법.
상대도 내가 얼마나 강한지 모르기에 속으로는 긴장한다.

사람들이 많이 겪는 공포가 사람에 대한 공포다.
그리고 사람이 가장 많이 만나는 맹수가 사람이다.
따라서 그 공포에서만 해방돼도 자유롭고 강해진다.
사람에 대한 두려움을 없애라. 인생이 달라진다.

사람을 우습게 보라는 게 아니다.
타인을 겁내지 않아야, 건강한 교감이 가능하다.
타인을 자연스럽게 대할 때, 진실한 교제가 가능하다.

피하지 말고 자꾸 만나라. 그래야 사람에 대한 환상이 벗겨진다.
타인도 너랑 똑같은 인간이다. 별거 아니다. 편안히 만나라.

편견에 대한 가벼움 . . . . .

인터넷을 보면 가관이다.
사소한 트집을 잡아서 비방하고 조롱하는 댓글들.
나 같은 인격 미달자가 많은가 보다.

나는 어려서부터 조롱을 많이 당했다.
"참 멍청하게 생겼다."
"하는 짓이 답답하네."
친구 어머니들은 나를 무척 싫어하셨다.
"쟤는 뭐가 되려고 저 꼴이니?"
그때마다 나는 괴롭고 속이 상했다.
하지만 그것이 편견임을 깨닫고부터는 신경 쓰지 않았다.

사람의 특성을 가지고 뭐라 하면 다 편견이다.
아무리 그것이 다수의 의견이라도.
편견에 대해 자유하라. 신경 쓸 가치도 없는 일이다.

한 가지만 생각하라.
'법적으로나 도덕적으로 남에게 피해를 끼쳤는가?'
그렇지 않다면 편견을 무시하라. 당당하게 자신의 길을 가라.

부정적 결과에 대한 가벼움 · · · · ·

비데가 처음 나왔을 때는 엄청 비쌌다. 2백만 원짜리 일제였다.
판매원이 되려면 내가 먼저 사야 한단다. 업체 측 논리는 이랬다.
"본인이 써보지 않고서 제품을 설명할 수 있겠어요?"
그런 식으로 판매원을 모집해서 판매원들에게 비데를 파는 거였다.
나는 죽고만 싶었다. 호구가 된 자신이 한심했다.
여자 후배도 비슷한 사기를 당했다. 그런데 그녀는 쌩긋 웃는 거였다.
"좋은 경험 했잖아요?"

살다 보면 별별 일을 다 겪는다. 떠올리기도 싫은 기억들.
그녀는 나와 달리 부정적 결과에서도 긍정적 의미를 찾았다.
그런 긍정적 역설이 가벼움이다.

문제없이 태평하게 사는 가벼움이 아니다.
그런 건 없다. 완벽한 보호막을 꿈꾸지 마라.
돈과 권세로 만든 방탄복도 운명의 저격수를 막지 못한다.
아무 무게가 없는 상태가 가벼움이 아니다.
존재의 십자가를 짊어지고 헐떡이며 머금는 미소가 가벼움이다.

> "신이 내게 선물한 구절이 있다.
> 이 어구를 가진 자는 운명을 이길 것이다."
> <그럼에도 불구하고...>
>
> - 고자 어록

욕설도 긍정적으로 해석하라

집주인이 음식 맛이 어떠냐고 물었다.

손님 중에 한 남자가 대답했다.

"맛있긴 한데, 조금 짜네요."

그 남자가 나간 뒤, 아주머니 두 분이 험담을 한다.

"어머머, 짜다고 하면 어떡해? 싸가지 없이."

"그러게 말이야. 만든 사람 정성을 생각해야지!"

집주인이 속상했을까 봐 위로 차원에서 한 말 같았다.

하지만 정작 집주인의 표정은 밝다.

"아니에요. 전 오히려 그분이 고마운 걸요. 솔직하게 말해주시니 다음에 제가 간을 잘 맞출 수 있잖아요?"

기분 나빠할 수 있었다. 화를 낼 수 있었다.

그러나 집주인은 그러지 않았다. 긍정적으로 받아들였다.

자극에 대한 반응은 내가 정하기 나름이다.

나쁜 것도 좋게 생각하면 약이 된다.

따라서 긍정적으로 해석하라. 내게도 이익이다.

반대로 부정적 해석은 본인에게도 부정적 영향을 끼친다.

부정적인 사람이 즐겁게 사는 것을 본 적이 없다.

즐겁고 활기차게 살고픈가? 긍정적으로 해석하는 습관을 들여라.

내가 가진 색깔은?

한 아이가 그림을 그리는데 온통 검게 그렸다.
그 아이에게는 검은 크레용밖에 없었기 때문이다.

만약 그대에게 부정적 시각밖에 없다면, 그대는 세상을 그 한 가지 관점으로만 보게 될 것이다.
그것은 마치 검은 색깔로만 그림을 그리는 것과 같다.

그 그림이 옳은가? 물론 아니다.
세상은 다양한 색깔로 칠해져 있다.

문제는 꽃과 무지개까지 검게 칠한다는 사실이다.
그러면 꽃이 주는 기쁨과 무지개가 주는 희망을 잃게 된다.

부정적 시각의 가장 큰 피해자는 본인인 것이다.

무조건 긍정의 위험성

반대로 분홍색으로만 그리면 어떨까?

밝고 화사해 보이니 좋지 않을까?

그때도 문제가 된다. 세상에는 검은 구덩이도 존재하기 때문이다.

특히, 한 색깔로만 칠하면 각 부위가 구분되지 않는다.

분별력을 잃는 것.

그래서 구덩이에 빠지고 만다.

세상에는 선과 악이 공존한다. 좋은 사람도 많지만, 남을 등쳐먹는 악질도 많다는 사실을 알아야 한다.

그래서 무조건 긍정도 위험하고 좋지 않다.

아는 분이 집을 짓는데, 업자가 돈을 떼먹고 달아났다.

대금을 당겨달라고 했을 때, 의심을 했어야 했다.

서로 믿어야 한다는 무한 긍정의 결과는 씁쓸했다.

바탕화면은 라이트 모드로

긍정적 시각과 부정적 시각을 모두 가져라. 둘 다 필요하다.
그런데 기본적으로는 긍정적 시각을 취하라. 그래야 살 수 있다.
생존을 위해 긍정적이 돼라. 생명을 위해 밝게 웃어라.

세상에는 선인도 있고, 악인도 있다.
하지만 기본적으로는 타인에 대해 따뜻한 시각을 지녀라.
좋은 싫든 사람에게는 사람이 필요하다.

창조주는 하늘을 파란색으로 칠했다.
대지를 초록 숲으로 덮고, 색색의 꽃으로 장식했다.
세상의 바탕화면은 밝은 색인 것이다.

마음의 바탕화면은 밝은 색을 설정하라.
그래야 검은색도 마음껏 칠할 수 있다.
그 밝은 바탕색 위에 다채로운 색깔로 인생을 그려라.

한 번의 우울한 경험을 가지고 세상을 어둡게 칠하지 마라.
일반화의 오류다. 세상은 단색이 아니다.
유채색의 날도 있고, 무채색의 날도 있다.
그 모든 색깔을 받아들여라. 그래야 인생의 그림이 완성된다.

부드럽게
반응하라

말해주기 전에는 모른다

젊어서 나는 인간관계가 매우 나빴다.

사람들은 나를 싫어했고, 내가 다가가면 인상을 찡그렸다.

내 친구가 그 이유를 알려줬다.

"화난 얼굴로 기분 나쁘게 말하니까 그렇지."

"내가? 내가 그런다고?"

"그래. 그러니까 싸가지 없다는 소리를 듣지."

나는 내가 그렇게 재수 없게 구는 줄을 몰랐다.

자기의 모습을 자기는 모른다. 사람들은 나를 보지만, 나는 나를 못 보기 때문이다. (그래서 옆에서 말해주는 친구가 필요하다.)

크게 반성한 나는 그때부터 표정 관리를 연습했다. 말도 부드럽게 하려고 애썼다. 그 결과 인간관계가 조금씩 나아졌다.

성격을 바꾸기는 어렵다. 그러나 태도를 조금 바꾸는 건 가능하다.

조금만 바꿔도 결과는 달라진다.

연필 끝은 약간만 뭉툭해도 아프지 않다.

거친 부분을 조금만 다듬어라. 찔러서 피 나는 일이 없어진다.

부드러움의 효능

3번째 단계인 '반응의 실행'은 성숙을 요한다.

인간은 혼자서는 살 수 없다. 타인을 소중히 여겨라.

타인을 배려하는 것은 비굴한 게 아니라, 성숙한 지혜다.

그걸 못해서 얼마나 많은 사람들이 파탄에 빠지는가?

심지어 가정이 깨지고, 칼부림이 나기도 한다.

심지어 거친 공격에 대해서도, 부드럽게 반응하라.

부드러우면 많은 갈등과 마찰을 피할 수 있다.

그로 인해 평화를 지키고, 마음을 지키고, 관계를 지킬 수 있다.

부드러움의 놀라운 효능에 눈 떠라.

부드러워야 충격을 이긴다.

부드러워야 오래 간다.

부드러우면 얻는 게 많다.

부드러움으로 존중을 알 수 있다 ·····

언행이 거친 동창이 있었다. 그 친구가 약혼식을 올렸다.
그런데 장인어른 앞에서는 얼마나 부드럽던지.
처음 보는 모습에 다들 놀랐다.

성격이 아니다. 높은 사람 앞에서는 누구나 부드럽다.
소중한 사람한테 거친 말과 거친 태도를 쓰겠는가?

나는 주변인들을 안하무인으로 대했다.
그러면서 변명했다. "마음으로는 너희를 존중한다고."

거짓말이다. 거친 태도로 존중할 수는 없기 때문이다.
존중은 부드러움에서 나온다. 부드러움이 존중이다.
나를 그의 앞에서 부드럽게 함으로써 그를 높이는 것이다.

지금은 없어진 빵집이다.
빵집 주인이 어찌나 딱딱하던지.
그때 깨달았다. 빵만 부드러워서는 안 되는구나.

장사를 하는가? 서비스업을 하는가?
부드럽게 존중하라. 손님이 몰려든다.

인격을 존중하는 언행

비굴하게 굽실대라는 게 아니다.
반대하거나 비판하더라도 상대를 존중하면서 하라는 얘기다.

심지어 공격할 때조차 존중할 수 있다.
시합이 끝나면 격투기 선수들이 죽일 것처럼 패던 상대를 끌어안고
존경을 표하는 것을 보라.

내 생각을 부정함이 불쾌가 아니라, 내 인격을 부정함이 불쾌다.
인격을 존중하면, 비판은 조롱이 되지 않는다.

나도 성격상 부드러운 사람이 아니다. 단, 공격적이거나 모욕적인 언
행은 삼가려고 애쓴다. 그 정도는 누구나 할 수 있다.

언행에 부드러움을 섞어라. 소금으로 간을 하듯.
조금만 섞어도 사람들의 반응이 달라진다.

(너무 많이 섞지는 마라. 느끼해진다.)

강도를 조절하라

. . . . .

직원의 실수로 업무에 차질이 생겼다.

"죄송합니다, 과장님."

그러자 과장은 말없이 일어나

1) 직원의 어깨를 툭 치고 나간다.

2) 직원의 어깨를 탁 치고 나간다.

1)과 2)의 차이가 뭘까?

어깨를 치는 행위는 같다. 그러나 강도가 다르다.

1)에서는 격려의 의미가 느껴진다. 직원은 고마움을 느낄 것이다.

2)에서는 문책의 의미가 느껴진다. 직원은 당혹감을 느낄 것이다.

사실 큰 차이는 아니다. 그러나 결과는 천지 차이다.

표현의 강도는 약간의 차이로도 정반대의 결과를 낳는다.

똑같은 말, 똑같은 동작도 강도에 따라 다른 의미를 주는 것이다.

표현의 강도를 조절하라.

그 강도를 조절하지 않는 자가 있다. 전쟁터에서 살 것이다.

그 강도를 부드럽게 조절하라. 낙원에서 살 것이다.

나처럼 무뚝뚝한 사람은?

상냥하게 웃는 사람이 되라는 말인가?

그렇지 않다. 성격을 바꾸라는 게 아니다.

그저 약간만 힘을 줄이면 된다.

공격이나 위협으로 보이지 않을 정도로만 말이다.

(그것만으로도 효과는 크다!)

나처럼 무뚝뚝한 사람이라면, 이 정도만 하라.

- 목소리의 톤을 조금만 낮춰라. 공격적인 말투가 되지 않게.

- 존중의 관용구를 연습해서 섞어 써라. '이건 어디까지나 제 생각입
  니다만…', '선생님 말씀도 일리가 있습니다만…' 등.

큰 차이는 세미한 변화에서 비롯되는 것이다.

그 작은 변화로도 많은 충돌을 피할 수 있다.

위로받는 법

힘들면 거칠어진다. 고통을 이해받고 싶어서다.
그래서 자기도 모르게 고통을 과장한다. 화내고 소리치고.
고통이 커야 관심을 끈다고 생각하기 때문이다.
그래서 고통을 과장하고, 그러니 거칠어지는 것.

내 고통을 이해받는 것은 필요하다.
하지만 타인의 위로에 너무 기대지 마라.
내 고통을 완전히 이해해줄 타인은 없다.

고통을 과장하면 사람들이 알아줄까? 정반대다.
내가 거칠면 사람들은 당연히 나를 피한다. 받아치거나.
어떤 사람이 폭탄을 품어주려고 하겠는가?

위로받고 싶다면 부드러워져라. 그래야 사람들이 다가온다.
부드러운 미소에 약간의 엄살을 섞어서 간결하게 설명하라.
"일이 너무 많아. 힘들어 미치겠어. 하루만 쉬었으면 좋겠다."
그러면 동료가 안됐다는 얼굴로 쳐다봐줄 것이다.
(그 정도로 만족하라. 그 정도면 엄청난 관심이다.)

그대라면 폭탄을 품겠는가, 쿠션을 품겠는가?
위로받고 싶다면, 폭탄이 되지 말고 쿠션이 되라.

발끈하지 마라

부드러운 반응을 연습하라.

감정이 치솟을 때, 잠시 심호흡하고 분노를 사그라뜨려라.

그로 인해 얻는 평화와 유익을 생각하라.

처음에는 힘들지만, 자꾸 해보면 어렵지 않다. 그 산물인 평화를 맛보면 기분이 좋아져서 나중에는 기꺼이 참게 된다.

나도 젊어서는 발끈할 때가 많았다.

동업하던 친구와 매일 다퉜다. 생각과 지향점이 너무 달랐다. 심지어 사무실 책상 배치를 놓고도 싸웠다.

그러니 잘 될 리가 없었다. 결국, 사업은 오래가지 못했다.

생각해보면 사소한 문제들이었다. 그런데도 목숨 걸고 싸웠던 것.

그때 참고 힘을 합쳤더라면 내 인생이 달라졌을 것이다.

원자력은 천천히 태우면 에너지가 되고, 한꺼번에 태우면 폭탄이 된다. 감정도 똑같다.

감정은 천천히 태워서 에너지를 얻는 거지, 한꺼번에 폭발시켜서 함께 죽는 폭탄이 아니다.

발끈할 에너지를 은근한 에너지로 바꿔서 삶의 동력으로 활용하라.

부드러움은 성숙의 결과다   · · · · ·

겉으로만 부드러울 게 아니라, 마음속에서부터 타인을 진심으로 존중하는 마음이 있어야 한다. 아니면 다 드러난다.

사람들은 바보가 아니다. 겉으로만 연기하면 다 안다.

– 남의 감정을 내 감정처럼 여겨라.
– 남의 자존심을 내 자존심처럼 아껴라.
– 남에게 상처를 주지 않으려는 따뜻함을 지녀라.

타인의 감정을 함부로 짓밟는 게 강해 보이나?
그것은 강함이 아니라, 나약함의 허세다.

타인은 지옥이라지만, 그래도 타인은 필요하다.
마음속에서부터 타인을 중시하는 마음을 가져라. 그게 없이 잘 되는 사람을 본 적이 없다. 혼자서는 아무것도 이룰 수 없다.

부드러움은 인생의 숱한 경험과 인간에 대한 깊은 이해가 빚어내는 예술품이다. 술이 익듯. 자갈이 매끈해지듯.
그래서 나이가 들면 부드러워져야 한다.
나이가 들어서도 부드럽지 못한 사람을, 나는 어린애로 치부한다.

정리- 태풍을 미풍으로 바꿔라 . . . . .

자극을 완화해 수용하고, 긍정적으로 해석하고, 부드럽게 반응하라.
그러면 태풍도 미풍으로 바뀐다.
만사가 매끄러워지고, 원수도 친구가 된다.

태풍이 좋은가, 미풍이 좋은가?
그런데 왜 거꾸로 미풍을 태풍으로 만드는가?
그리하여 남을 만신창이로 만들고, 자신도 쑥대밭이 되는가?

조금 참는 게 그렇게도 힘든가?
참지 않는 것을 용기로 알고, 참는 것을 바보로 안다.
하지만 미숙함의 핑계일 뿐. 비겁함의 위장일 뿐.
강자 앞에서는 잘도 참더라.

나는 수양이 부족해서 여전히 싸우고 다니지만, 계속 노력하면서 조
금씩 나아지고 있다. 결단과 꾸준함이 중요하다.
태풍을 미풍으로 바꾸고, 날마다 5월에서 살기를 권한다.

우리는 먼지다

직장 동료가 먼저 퇴근했다.

그 동료는 회사를 나가서 길을 건너다가 차에 치여 즉사했다.

나는 그 죽음을 수긍할 수 없었다.

5분 전만 해도 생생하게 살아있던 존재였다.

내일 보자며 웃는 얼굴로 나가던 모습이 아직도 선명한데….

인생이란 어찌나 가벼운지.

그런데 마음은 왜 이리 무거울까.

본래의 가벼움으로 돌아가라.

증오와 분노와 원망으로 자신을 짓눌러서 무엇을 얻었던가?

우리의 존재… 바람이 불면 어디로 갔는지 보이지도 않는다.

무거움을 훌훌 털고 한 올의 먼지로 떠올라라.

먼지로 돌아가면 저절로 떠오르리.

먼지가 먼지가 되는 것이 자유다. 자유는 본성만이 줄 수 있다.

먼지가 바위가 되려 하니 본성을 잃고 추락한다.

자신이 가벼운 먼지임을 생각하라.

거기서 자유함을 얻으라.

제3부

가벼워야 행복하다

. . . .

초월의 인생관에 기초한 책이다.
사적인 견해니 일반화될 수 없다.
누군가는 공감하지 못할 것이다.
만병통치는 없다.
각자에게 맞는 방법을 찾을 뿐이다.

가벼운
사회

1

껌의 경제 ......

소유의 무거움에서 점유의 가벼움으로 이동한다.

대여와 공유가 소유를 대체한다.

필요할 때만 사용하는 점유는 비용이 적게 들고 자유롭다.

꿈의 시대가 아닌, 껌의 시대가 온다.

소유와 점유가 공존하겠지만, 점유의 비중이 확대된다.

집과 차를 비롯해, 휴대폰 등의 생필품이 임대로 바뀐다.

점유는 모든 분야에서 문화가 될 것이다.

결혼은 단기 계약이 되고, 육아는 전문 기관에서 맡을 것이다.

직장은 감소하고 직종만 남으며, 관리와 배정은 경영 네트워크가 하고

고위층은 버튼을 사수하며, 극한의 효율성이 추구된다.

맞춤형 생산이 늘고, 유통 과정은 짧아진다.

소유권 저작권은 약화되고, AI가 만든 콘텐츠가 자유롭게 퍼진다.

이제는 갖지 않는다.

음원과 영상처럼 한 번 씹고 뱉는다.

인생은 점유다 ......

우리는 아무것도 영원히 가질 수 없다.
죽을 때 다 내려놓고 가야 한다.
그러니 세상 모든 것이 점유다.

따져보면 소유도 한시적인 점유다.
내 육체조차 일정 기간 점유할 뿐.

그러니 내 소유가 어디 있단 말인가?
왜 영원히 가진 것처럼 구는가?

인생 자체가 점유다.
시간도 순간적 점유.
시간의 어떤 지점에도 우리는 머물 수 없다.

모든 것이 점유다.
고로 집착하지 마라.

가벼운 삶의 사회적 가치

과도한 소유는 타인의 향유를 방해한다.
재화의 양은 한정돼있기 때문이다.
한쪽이 많이 가지면, 다른 쪽은 적게 가질 수밖에 없다.

상위 10%가 전 세계 자산의 76%를 독점.
하위 10%는 생존에 필요한 최소 식량을 구하지 못해 굶주린다.
(2021년 기준)

궁극적으로 가벼운 삶은 평등에 기여한다.
과도한 소유를 지양하고, 일부나마 부의 편중을 막는 효과다.

가벼운 경제는 자원절약과 환경정책에도 기여한다.
가벼운 삶은 점유를 적극적으로 활용하는 바, 공유 및 대여는 자원을
효율적으로 사용한다. 필요할 때만 사용하고 여러 사람이 돌아가며 사
용하기에 물자의 낭비를 줄일 수 있다.
껌처럼 필요를 충족하고 나서는 즉각 순환되는 것이다.

자원과 환경을 위해서도 가벼운 사회로 갈 수밖에 없다.

내 싸구려 차

병원에 입원했을 때, 한 사람을 알게 됐다.

그는 매우 의욕적인 사람이었고, 큰돈을 버는 것이 목표였다. 통장에 꽤 많은 돈을 모았노라고 은근히 자랑하기도 했다.

하루는 밖에서 만났는데, 대뜸 내 차가 어디에 있느냐고 묻는다.

그래서 나는 내 차를 손으로 가리켰다.

"저기 주차된 차에요."

내 차를 본 그가 실망한 표정을 떠올렸다. 그리고 나를 한심하다는 눈초리로 쳐다봤다. 내 차는 낡아빠진 싸구려 차였기 때문이다.

그는 차 하나로 사람을 평가했다.

그의 관점에서 보면 나는 무능하고 형편없는 인간이었다.

나는 예쁘지 않은 여자는 여자가 아니라고 말하는 남자도 봤다.

그렇게 말하는 그 남자는 결코 잘생긴 얼굴이 아니었다.

어이가 없다고? 어떻게 그런 말을 할 수 있냐고?

하지만 우리가 그 남자랑 다를 게 뭔가?

성공하고 돈이 많아야 인간으로 여기면서?

예뻐야만 여자라는 망언과 뭐가 다른가?

사회적 통념에서 벗어나라

．．．．．．

경제력을 가지고 사람의 등급을 나누며, 어떤 차와 집을 소유했느냐로 사람을 평가하는 사회에 우리는 살고 있다.

그 결과 우리는 경쟁에 매몰되어 인생 자체를 즐기지 못한다.

경제력은 내 삶의 안정과 자유를 위한 토대가 아닌, 이기고 과시하기 위한 아동용 플라스틱 칼로 전락했다.

외형의 성장에 집착하며, 내면의 성숙은 등한시한다.

하지만 외형적 성공이 진정한 성공일까?

한 사람의 일생을 외형만으로 평가할 수 있을까?

가벼운 삶을 원한다면, 그런 통념에서 벗어나라.

삶의 의미는 그런 것에 있지 않다.

인생은 싸우고 오르고 이기고 가지는 게 아니다.

인생은 배우고 자라고 사랑하고 느끼는 것이다.

잘못된 정보가 올바른 답을 주던가?

인생의 본질을 정확히 알 때, 진정한 행복에 이를 수 있다.

세태에 끌려가지 말고, 진정한 행복을 향해 가라.

가벼운 사회냐, 무거운 사회냐 . . . . .

무거운 사회로 갈 것이냐, 가벼운 사회로 갈 것이냐.
그 갈림길에 우린 서 있다.

획일적 기준과 외형적 평가는 사회를 경직시킨다.
그런 통념을 깨지 않는 한, 가벼운 시대는 올 수 없다.

가벼운 사회는 다양한 삶을 존중한다.
고로 인간을 서열화하지 않으며, 인간을 물질로 평가하지 않는다.

보다 자유롭고 역동적이며 평화로운 사회에서 살 것인가?
비교하고 대립하고 갈등하는 스트레스성 사회에서 살 것인가?

그것은 우리 개개인의 선택에 의해 도출될 것이다.

비교의
비극

비교의 공포 . . . . . .

현대인의 가장 큰 공포는 비교다.
우리는 늘 비교당하며 산다.
직장인들은 능력으로
주부들은 집의 크기나 살림의 수준으로

그래서 늘 불안하고 상처를 받는다.
남보다 뒤처지면 안 되고, 남보다 못살면 안 되고,
더 비싼 차를 타야 하고… 늘 비교하고 비교당하는 삶.

참으로 불쌍하지 않은가?
비참하지 않은가. 어리석지 않은가….

비교가 우리에게 무엇을 주었던가?
열심히 벌어서 더 비싼 것을 사라는 압박 외에?

문제는, 우리 자신이 비교의 대상이 된다는 사실이다.

> "세상의 변화에 마음이 흔들려 만감이 불안하니,
> 그 고통에 한이 없다.
> - 소태산

절대로 비교하지 마라

비교하지 마라. 비교는 독약을 마시는 짓과 같다.

어떤 경우든 비교의 결과는 해롭다.

우월감을 느끼면 오만해지고, 열등감을 느끼면 비굴해진다.

비교에도 순기능은 있다.

발전을 위해 뛰어난 대상과 비교하는 것은 좋다. 그런 배움을 위한 비교를 빼고는 가급적 비교하지 마라.

대부분의 비교는 목적이 불순하다.

만물은 각자의 독특한 가치가 있다. 그런데 어떻게 비교할 수 있겠는가? 장미와 백합의 우열을 가릴 수 있겠는가?

사람마다 성장기와 상황이 다르다. 취향도 다르고, 생각도 다르다. 그토록 다른 것들을 어떻게 비교하나?

소나무와 돌고래를 비교할 수 있겠는가?

차이를 알기 위한 비교는 좋다.

그러나 우열을 가리는 비교는 하지 마라.

비교하는 순간, 그 모든 특별함은 죽고 만다.

내 것의 가치는 나에게 절대적이다 　·····

후배가 부부 동반으로 동창을 만났던 모양이다.

그 후로 아내가 바가지를 긁는다고 하소연이다.

동창의 집은 에어컨만 8개가 있더란다. 럭셔리한 가구들과 프리미엄 가전으로 도배된 집이었다고.

그것을 본 아내의 눈 돌아가는 소리가 들리더라나?

"내장재도 얼마나 고급인지, 그 집에 비하면 우리 집은 움막이야."

동창의 차는 내부가 하얀 가죽으로 도배돼서 화사하기 그지없었다.

"그 차를 타보니까 우리 차는 타고 싶지가 않다."

"정신 차려, 인간아, 현실로 돌아와."

"우리도 돈 좀 벌자."

"어떻게 벌어."

"주식이든 코인이든 투자 좀 해."

"돈이 있어야 하지."

"통장 깨고 대출 받을까?"

"미쳤어?"

"에휴, 그냥 해본 소리야."

원래 아내는 천 원 한 장에도 벌벌 떠는 알뜰주부였다고. 그런데 동창의 라이프를 목격하더니 완전히 바뀌더라나?

누구나 그럴 것이다.

그렇지만 비교하는 순간, 내 것들의 가치는 소실된다.

어째서 스스로 자신의 가치를 내버리는가?

내 것은 내게 무한 가치다. 반면에 남의 것은 내게 무가치다.

내 주머니의 100원이 남의 통장의 100억보다 값지다.

내 것의 가치는 나에게 절대적인 것이다.

하지만 남의 것과 비교하면 절대성은 소실되고 상대성이 된다.

그 순간, 내 것의 가치는 추락하며 평범해진다.

그보다 큰 손해가 어디에 있겠는가? 그런 바보짓을 왜 하는가?

내 것은 남의 것과 비교하는 게 아니다.

내 선택의 산물이기 때문이다.

좋든 싫든 자신의 선택에 대한 자존심을 지켜라.

너무 위만 바라보면…

일가족이 자살했다. 사업 실패로 생활고를 겪었던 모양이다.

그래서 끼니를 굶었을까? 아니다. 그 가족에게는 아파트가 있고, 외제차도 있었다. 어린 자녀는 무상 교육을 받으면 됐다.

빚을 졌지만, 파산 신청하고 잡일이라도 하면 먹고살 수 있었다. 내 주변에도 그렇게 파산 신청하고 사는 사람들이 있다.

우리나라에서는 아무리 망해도 먹고사는 것은 해결할 수 있다.

끼니조차 해결할 수 없는 극한의 상황에서 자살한 게 아니었다.

어린이까지 포함된 그 안타까운 죽음은 고개를 갸웃하게 만든다. 생계가 불가능한 절대적 빈곤은 아니었기 때문이다.

아니, 그 정도면 후진국의 빈민들에게는 부러운 형편일 수 있다. 당장 끼니를 걱정하는 사람들보다는 나은 것이다.

그런데도 왜 일가족 자살이라는 끔찍한 선택을 한 것일까?

갑작스런 몰락이 주는 충격과 자존심의 문제였을까?

혹시 너무 위만 바라보았던 것은 아닐까?

나는 어려서 매일 끼니를 굶었고, 월납금을 내지 못해 언제 학교에서 쫓겨날지 몰랐으며, 겨울이면 방안에서도 입김이 하얗게 나오는 빈가에서 덜덜 떨며 살았다.

그래도 우리 가족은 자살이라는 단어를 떠올린 적이 없다. 그때는 우리 같은 빈민이 많았기 때문이다.

상대적 빈곤이 절대적 빈곤보다 힘들다고 한다.

그런데 불행히도 현대는 상대성의 시대다.

의식이 상대성으로 가득 차있으면 끊임없이 흔들린다.

절대성의 확고한 기둥도 세워야 한다.

우리는 너무 위만 보며 사는 게 아닐까?

정상을 노려보며 자신을 채찍질한다. 그래야 높이 오를 수 있다며.

하지만 부정적 측면도 있다.

위를 보면 내가 낮아지고, 그러면 우울해지고, 그러면 불행해진다.

위만 보며 살지는 마라. 위만 보면 반드시 불행해진다.

고개를 내려서 옆도 봐라.

위는 발전을 주지만, 옆은 안정을 준다.

높이만 추구하지 말고, 넓이도 추구하라.

행복하고 싶다면···

사실 비교를 안 하고 살 수는 없다. 매 순간이 비교다.

내 위치를 알려면 남의 위치를 봐야 하고, 내 크기를 알려면 남의 크기와 대봐야 한다.

문제는 비교 의식이다.

개인 프라이버시 때문에 신원을 밝힐 수는 없지만, 지인 중에 비교의식이 강한 사람이 있었다.

자기보다 못난 사람을 보면 기가 살고, 잘난 사람을 보면 급격히 기가 죽는 게 보일 정도였다.

항상 명품 양복을 입었으며, 아내에게 처갓집의 경제력이 약해서 도움이 안 된다고 투덜댔다가 부부싸움을 했다는.

비교의 행복은 비교 우위를 점하는 것이다.

그러나 비교 우위는 영원하지 않다. 언젠가는 나보다 잘난 놈이 나타난다. 그럼 다시 불행해진다.

그래서 비교 의식은 끝없는 지옥이다.

행복은 비교 우위에 서는 게 아니라, 비교 의식에서 벗어나는 것이다.

행복하고 싶다면, 비교 의식을 철저히 버려라.

나 같은 사람도 산다 ・・・・・

나를 보라. 나는 가난하고 비루한 가문에서 태어났다.

정말 별 볼 일 없는 집안이었다. 부모님은 무식하고 병약했으며, 그래서 나는 일찍부터 생계를 책임지며 간병을 해야 했다.

하지만 나는 제대로 하는 것이 없었다. 머리가 너무 나빴기 때문이다. 일상생활이 불편할 정도였으니. 나는 나보다 머리 나쁜 사람을 본 적이 없다. 논리적인 생각을 하지 못한다. 분석력과 이해력도 형편없다. 남들은 다 이해하는데 나만 이해를 못 한다. 돌아서면 까먹는 휘발성 기억력까지….

나는 친구들 사이에서 머리가 나쁘기로 유명했고, 아버지는 내가 사람 구실이나 하면서 살 수 있을까 걱정하셨을 정도였다.

머리가 나쁘면 인상이라도 좋아야 하건만, 외모도 형편없다. 말주변도 없고, 재미도 없고, 내세울 게 하나도 없다.

어릴 때 너무 굶어서 키는 작고 왜소한데, 성장기 영양실조로 체력이 약해서 조금만 움직여도 드러누워 쉬어야 한다.

그러니 내가 얼마나 힘들게 살았겠는가? 매 순간이 지옥이었다.

비교하자면 나는 최하 등급이요, 세상의 기준에서는 불량품이다.

하지만 보라. 나는 여전히 살아있다. 가난과 무능과 열등감 속에서도 꿋꿋이 버티며 살아왔다.

내가 한 일이라고는 어느 순간부터 비교를 멈췄다는 사실이다. 내가 계속 비교하며 살았더라면, 나는 속이 문드러져 죽었을 것이다.

비교를 멈춰라. 그래야 절대적 자신감을 가질 수 있다.

비교하지 말고 즐겨라   . . . . .

특성을 알기 위해 물건을 비교하는 것은 좋다.
그러나 사람은 비교하지 마라.
사람은 비교의 대상이 되기에는 너무 귀하다.

나는 비교 따위로 손상될 수 없는 가치다.
타인도 비교될 수 없는 존귀한 존재다.

비교할 시간에 1초라도 더 인생을 즐겨라.
비교 우위가 없어도 즐기는 데는 아무 지장이 없다.
비교하지 말고 그냥 즐겨라. 비교하면 즐길 수 없다.

**국내로 신혼 여행을 간 신랑이 계속 신경질을 부리더란다. 남들은 신
혼 여행을 해외로 가는데, 자기는 돈이 없어서 국내로 왔다고.**

그런다고 국내가 해외로 바뀌나? 국내도 얼마나 좋은가? 계획만 잘
짜면 저렴한 비용으로 알차게 보낼 수 있다.
즐겁게 지내면 되지, 내가 즐기는데 왜 남과 비교하나?
만 원만 있으면 만 원만큼 놀면 된다.
만 원밖에 없다고 안 놀면 지만 손해지.

스스로 물건이 되지 마라

생명은 비교하지 못한다.
비교를 당한다면, 그것은 생명이 아니라 물건이다.

비교는 자신을 물질로 바꾸는 짓이다.
어떻게 생명과 생명을 비교할 수 있겠는가?
생명이라는 절대적 무한 가치를?

남이랑 비교하면서 처지를 한탄하지 마라.
가장 바보짓이다.

절대적 가치를 믿어라.
그대는 생명이다.

절대적 자신감을 가져라.
그대는 인간이다.

> "당신은 당신이란 이유만으로 존중받을 자격이 있다.
> 우리는 누구나 당당한 인간이다."
> - 앤드류 매튜스

가벼움의
행복

가벼워야 행복이다

행복을 왜 어렵게 만드는가?
행복은 어려운 게 아니다.
어려우면 어찌 행복이겠는가?

왜 크고 무거운 행복만을 노리는가?
99%의 행복은 작고 가볍고 시시하다.

행복을 가볍게 생각하라.
행복을 거창하게 생각하면 행복하기 어렵다.

아침 햇살 반짝이는 창가에 앉아서 짹짹거리는 참새 소리 들으며 마시는 커피 한 잔보다 더 중요한 행복을 보지 못했다.
나는 그 커피 한 잔의 행복을 로또 복권과도 바꾸지 않을 것이다.

> "행복을 위해 그렇게 많은 것이 필요치는 않다."
> - 마르크스 아우렐리우스

오늘의 행복을 내일로 미루지 마라 ‥‥‥

오늘의 행복은 작고, 내일의 행복은 크다.
그래서 현재를 팔아서 미래의 행복에 도박을 건다.
하지만 미래는 어떻게 될지 모른다.
미래의 굉장한 행복은 상상 속에만 존재하는 것이다.
그것은 일종의 투자와 같다. 모든 투자는 위험한 법이다.

어째서 행복을 희박한 확률에 맡기는가? 불안한 미래로 넘기는가?
먼 훗날 될지도 모를 부자가 아니라, 오늘의 가난한 행복이 행복의 전부인 것이다.
그러나 사람들은 오늘의 작은 행복을 멸시한다.

미래를 꿈꾸되, 미래에 모든 것을 걸지는 마라.
미래의 행복은 상상의 즐거움밖에 주지 못한다.

행복을 모조리 미래로 보내버리면?
오늘 당장은 무슨 행복으로 살려느냐?

> "모든 인간은 도박을 한다.
> 불확실 것에 확실한 것을 걸다니!"
> - 파스칼

무조건 행복하라

행복을 좁은 범주에 가두지 마라.
행복을 내일로 보내지 마라.
행복에 조건을 달지 마라.

지금 '무조건적으로' 행복하라.
조건을 다는 순간, 현재의 행복은 사멸한다.

무엇을 가지거나 이뤄야만 행복한 게 아니다.
행복은 지금 당장의 가벼움에서 오는 것이다.

충격에 가볍게 반응하며, 고통조차 가벼이 수용하라.
고통과 불행은 피할 수 없다. 그 속에서 웃으며 살 뿐.

언제나 행복하라.
그러려면 행복의 개념을 바꿔야 한다. 늘 행복할 수 있는 개념으로.
즐거운 감정이 아니라, 가벼운 마음이 행복이다.

자전거와 스포츠카

자전거를 타다가 한 라이더를 우연히 만났는데, 그는 일본과 유럽을 자전거로 여행한 사람이었다.

자전거 여행은 생각보다 고된 일이다.

그런 여행의 이유를 그는 '더 깊이 체험하기 위해서'라고 했다.

자전거는 자동차보다 느리기 때문에, 더 많은 사람들을 만나고, 더 많은 것들을 느끼기에 좋다고 했다.

사람들은 럭셔리한 여행을 꿈꾼다. 최고급 호텔에서 묵고, 유명 셰프가 요리한 음식을 먹고, 초호화 유람선을 타는 여행을.

하지만 그게 과연 진정한 여행일까?

20만 원짜리 자전거 하나로 그보다 더 생생하고 다채로운 여행을 즐길 수 있다. 자연과 사람과 문화를 피부로 느끼면서 말이다.

자전거가 느린 덕이다.

인생도 똑같다. 부족하고 힘든 인생인가? 바로 그 때문에 맛볼 수 있는 행복이 있고, 또한 그래야만 얻을 수 있는 깊이가 있다.

'왜 내게는 자전거지? 왜 나한테는 스포츠카가 없지?'

성능과 가격의 측면에서 보면 스포츠카가 부럽다.

하지만 다른 측면에서도 그럴까? 자전거의 매력은 없을까?

자전거를 타면 건강해진다. 좁은 골목도 다닐 수 있다. 오르막을 오르면 성취감을 느낀다. 게다가 또….

하지만 그대의 귀에는 아무것도 들리지 않는다.

그대는 이미 자전거의 모든 것을 부정하게 됐기 때문이다.

그대가 불행한 것은 자전거를 타기 때문이 아니다.

자전거와 스포츠카를 비교하게 됐기 때문이다.

비교하는 자는 영원히 행복에 이르지 못한다.

절대적 우열은 없다. 모든 길에는 가치가 있다.

실제로 스포츠카를 가진 사람 중에 자전거를 즐기는 사람도 많다. 자전거만이 줄 수 있는 묘미와 효용 덕이다.

심지어 대기업 회장님께서도 오래 살겠다고 실내 자전거의 페달을 열심히 돌리고 계신 것이다. 죽어라 돌려 봤자 1센티도 전진하지 못하는 것을 말이다.

그대가 인생을 돈과 성공의 기준으로만 본다면, 그대는 비교하고 경쟁할 수밖에 없다. 그러면서 인생의 많은 가치를 잃게 된다. 스포츠카를 부러워하느라 자전거의 가치를 놓치듯이.

사회의 고정된 기준에 속지 마라.

통찰의 시각에서는, 자전거만이 줄 수 있는 넓이와 깊이가 있다. 그것은 스포츠카가 절대로 줄 수 없는 가치다.

스포츠카를 사지 못해 자전거를 타는 자가 되지 말고, 내 자전거의 가치를 알기에 자전거를 타는 자가 되라.

행복의 원인

무엇으로든 행복하면 된다. 그렇지 않은가?

그러나 사람들은 행복 자체를 보지 않고, 무엇으로 행복한가를 본다.

그의 행복이 아닌, 그가 가진 재산을 부러워한다. 그런 재산만 있으면 자기도 행복할 수 있다고 믿으며.

그래서 가난한 사람이 행복한 것은 절대로 부러워하지 않는다.

나는 배드민턴 하나로 행복한 사람을 봤다.

아침마다 동네 사람들과 배드민턴을 치면서 즐거워한다.

처음에 나는 그가 숨겨진 알부자인 줄 알았다. 나는 부자만이 행복할 수 있다고 믿었기 때문이다.

하지만 그는 평범한 서민이었고, 우울증을 앓았었다.

그런데 배드민턴을 치면서 우울증을 고쳤고, 배드민턴 하나로 그는 엄청난 성공을 거둔 부자보다도 행복하게 됐던 것이다.

아, 큰 성공을 거둬야만 행복하다고? 그것도 좋다.

단, 성공을 거두기 전까지는 불행할 것이며, 성공하지 못하면 불행 속에 죽을 것이다.

아, 숨을 쉬기만 해도 행복하다고? 그것도 좋다.

숨을 쉬는 한 그대는 행복할 것이다.

명심하라. 모든 것이 행복의 이유가 될 수 있다.

행복감과 우월감

예전에 알던 사람의 목표는 실수령 연봉 1억이었다.

아쉽게도 그 꿈을 이루지는 못했다. 그럴 만한 직위에 오르지 못했기 때문이다. 연봉 1억이 아무나 하는 게 아닌가 보다.

그러자 그는 부동산과 주식에 눈을 돌렸고, 손해만 봤다.

나중에 우연히 만났는데, 생각보다 밝고 건강한 모습에 놀랐다.

요즘 뭐하나 했더니, 등산에 빠졌다고 한다. 산이 그렇게 좋은 줄 몰랐다며. 탁 트인 바위에 걸터앉아 땀을 식히며 보온병의 커피를 마시는 기분이 끝내준다나.

연봉 1억이든, 등산이든, 행복하면 된 것이다.

행복감은 마찬가지 아닌가?

하지만 우리는 굳이 '연봉 1억의 행복'을 원한다.

훨씬 어려운 일인데도 말이다. 왜인가?

우리가 실제로 원하는 것은 행복감이 아니라 우월감이기 때문이다.

폼 나는 행복, 사람들이 동경하는 근사하고 화려한 행복의 주인공.

정말 행복감을 원한다면, 우리는 누구나 행복할 것이다.

행복감을 주는 것은 주변에 널려있기 때문이다.

행복은 쉽다. 진심으로 행복감만 원한다면.

세상에서 가장 행복한 습관

. . . . .

큰 부자가 돼서 행복할 수도 있다.
하지만 그게 쉽겠는가? 가능성이 얼마나 되겠는가?
하지만 작은 행복들은 오늘 당장 거둘 수 있다.

행복이 크면 만족할 줄 아는가?
만족은 행복의 크기가 아니라, 적당한 기대치가 주는 것이다.
기대치가 너무 크면, 큰 행복도 만족을 주지 못한다.

사람들이 불행한 이유는 큰 행복을 구하기 때문이다.
큰 행복은 이루기 힘들고, 따라서 계속 불행감을 준다.
나는 큰 행복을 좇는 사람치고 행복한 사람을 보지 못했다.

행복의 크기에 주목하지 마라. 큰 행복이 큰 행복감은 아니다.
큰 행복만 찾으면 기대치가 높아진다.
기대치가 높아지면 행복감을 느끼기 어렵다.

결국에는 행복감이다.
행복감은 감정이라서 모호하고, 한계치가 있다. 분식집이든 고급식당
이든 맛있게만 먹으면 행복감은 별 차이가 없는 것이다.
고로 작은 행복에 만족하는 습관을 길러라.
기대치를 낮추면, 일상의 행복에서도 넘치는 행복감을 맛볼 수 있다.

자긍심 ⋯⋯

행복은 자기 긍정에 기초한다.
자긍심이 없는 자가 행복하기란 어렵다.

성공을 통해 인정받고자 한다면, 그것도 좋다.
단, 성패와 상관없이 인간의 가치는 절대적임을 알라.

성공한 나보다, 성실한 나에게서 자긍심을 느껴라.
인정받는 나보다, 열정적인 나에게서 자긍심을 느껴라.

밝은 마음, 긍정적 사고, 삶에 대한 열정, 가벼운 반응,
가장 중요한 행복의 요소들이다.
이들 중에 성공 및 소유와 관련된 게 하나라도 있는가?

성공과 소유를 하지 말라는 게 아니다.
성공 및 소유와 무관하게 언제든지 행복할 수 있다는 말이다.
행복은 결코 어떤 조건도 요구하지 않는다.

> "행복이란 보다 행복한 삶의 조건을 만드는 것이 아니라
> 행복의 조건 자체로부터 자유로워지는 것입니다."
> - 힐링 소사이어티를 위한 12가지 통찰

어느 청소년의 꿈

예전에 청소년 선교 단체에 드나든 적이 있다.

그곳에서 돌보는 청소년들은 소년원 출신이었다. 불우한 환경에서 자란 친구들이다. 터놓고 말하면 비행청소년이다.

얘기를 나눠보면 평범한 애들이다. 착하다.

그런데 화가 나면 무섭다. 통제가 안 된다.

한 아이랑 친했는데, 어려서 아버지의 폭력에 시달렸다. 그 애의 소원은 큰돈을 벌어서 폼 나게 사는 거였다.

하지만 과연 그 애가 큰돈을 벌 수 있을까? 확률이 높지는 않다. 검정고시 준비 중인데 성적이… 솔직히 취직도 쉽지는 않을 터.

그래선지 조직에 들어가면 돈을 만질 수 있다는 위험한 말을 했다.

다른 행복도 많다는 사실을 알려주고 싶었지만, 그 애는 남들이 부러워하는 성공만을 원했다. 얼마 후, 나는 그 애가 선교 단체의 돈을 훔쳐서 도주했다는 소식을 들었다.

그 애는 행복을 원했지만, 행복에 대해서는 알지 못했다.

남보다 높은 행복을 원하는 대다수 어른들처럼.

행복의 물질화

행복의 기준은 획일화됐고, 너무 물질화됐다.

물질은 필요하지만, 물질이 행복의 전부는 아니다.

그럼에도 물질적 행복이 각광받는 이유는, 눈에 보이기 때문이다.

남들이 알아주는 행복을 원하는가?

그럼 그대의 행복은 물질화될 수밖에 없다.

물질화되면 끝없는 비교와 평가의 대상이 된다.

비교는 행복을 죽인다.

그런데 비교를 통해 행복을 얻으려 한다.

행복의 첫째 규칙은 내 행복을 타인의 평가에 맡기지 않는 것이다.

현대인들이 행복하지 못한 이유는, 그 첫째 규칙을 어겨서다.

돈? 성공? 성취? 인정?

아니다. 행복관이 행복을 결정한다.

많은 불행이 잘못된 행복관에서 나온다.

아무리 성공해도 행복관이 잘못되면 참 행복에 이를 수 없다.

행복하고 싶은가?

세상이 인정하고 남들이 부러워하는 행복에서 벗어나라.

그런 행복의 본명은 화려한 불행이다.

현대적 행복의 딜레마

현대의 행복은 경쟁을 통해 획득된다.
그런데 경쟁은 행복을 줄 수 없다.
행복의 원리가 행복을 부정하는 아이러니다.
거기에 현대인의 딜레마가 있다.

2등만 돼도 망하는 세상이다. 다들 1등을 노린다.
그러니 어떻게 1등이라고 행복할 수 있겠는가?
1등이 돼야만 행복한데, 1등이 돼도 행복할 수가 없는 것이다.

현대 사회는 승리의 전리품으로 그 딜레마를 덮으려 한다.
그러나 경쟁의 어떤 보상도 평안을 대체할 수 없다.
경쟁 자체가 평안을 해치기 때문이다.

행복을 죽이는 경쟁에게 행복을 걸어야 한다는 것.
그 딜레마에 현대인은 갇혀 있다.

절대적 가치를 회복하라 　　　　　．．．．．

비교는 끝이 없다.
경쟁에는 영원한 승자가 없다.

상대적 가치의 사회에서는 행복의 원인이 곧 불행의 원인이다.
비교를 통해 행복해지고, 비교를 통해 불행해진다.

그렇다면 결론은 하나다.
상대적 가치에 매몰되지 말라.
지속적 행복은 비교에서 벗어날 때 가능하다.

경쟁에서 이기는 게 아니라, 절대적 가치를 회복하는 것.
그것이 행복의 길이다.

주관적 행복을 회복하라

행복은 철저히 주관적인 것이다.
그런데 왜 자꾸 객관화시키는가?
객관화하는 순간, 행복은 변질된다.
행복은 객관화될 수 없는 것이기 때문이다.

객관화하면 비교할 수 있게 된다.
눈에 보이지 않는 행복을 정량화해서 저울에 재는 것이다.
행복을 상품화하기 위해서다.
기업들은 끊임없이 상품을 행복화할 것이다.
TV에 나오는 행복은 가공된 행복이다.

돈을 벌고 성공했음에도 불행한 사람을 많이 봤다.
그렇다면 그 행복의 조건이 옳은 것이겠는가?

현대는 행복의 주관성을 잃어버렸다.
그리하여 행복마저 경쟁이 됐다.

그대에게 행복이 없는 이유는, 행복을 객관화했기 때문이다.
주관적 행복을 회복하라.

행복은 비교할 수 없다 ·····

사회는 왜 행복을 객관화할까?

비교하기 위해서다.

비교해야 우월감을 팔 수 있기 때문이다.

소비 경제는 우월감을 생산하고 판매한다.

세상이 주는 행복의 대부분은 우월감임을 알아야 한다.

불행히도 그 행복의 유통기간은 짧다.

그래서 우리는 정기적으로 최신형 우월감을 구매해야 한다.

행복은 거액을 주고 사는 사치품이며, 쉽게 변질되는 소모품이다.

행복과 행복을 어떻게 비교할 수 있다는 말인가?

광대한 인생의 측면에서 보면, 모든 운명은 의미와 목적이 있다.

그대가 자신의 운명을 한탄하며 다른 운명을 부러워하는 한, 그대는
자신의 운명 속에 내재한 보석을 발견하지 못할 것이다.

남의 길이 아닌, 자신의 길에 있는 것들을 사랑하라.

왜냐하면, 그 길이 그대 자신이기 때문이다.

> "인간에게 최고의 행복은 자기다운 모습으로 사는 것이다."
> - 에라스무스

보편적 행복의 토대

기본적인 경제력은 있어야 한다.
거기에 '마음의 가벼움'을 더하라.
그것이 행복의 토대다.

한 건물주를 아는데, 매일 골프를 치러 다닌다.
일을 전혀 안 하지만, 임대료 받아서 그렇게 산다.
자본주의에서는 가능한 일이다.

그 건물주는 분명히 행복해 보였다.
놀고먹으며 하고픈 대로 사는데, 행복하지 않겠는가?

문제는 보편적이지 않다는 점이다.
누구나 건물주가 될 수는 없다.
한정판 고가의 행복을 모두가 살 수는 없다.

그래서 필요한 것이 보편적 행복이다.
또한, 아무 때나 누릴 수 있는 행복이어야 한다.

즉, 누구나 쉽게 갖출 수 있는 행복의 토대가 중요하다.
그런 보편적 토대는 가벼운 마음뿐이다.

먼저 가볍게 떠올라라 ·····

경제력 없이 행복할 수 있을까?

반대로, 경제력만으로 행복할 수 있을까?

가난할 때는 경제력이 행복의 급선무가 된다. 하지만 어느 정도 경제력을 갖추면, 삶의 의미라든지 인간관계 등도 따지게 된다.

어떤 사람은 월 3백으로도 만족한다.

어떤 사람은 월 5백으로도 부족해 한다.

단순히 '욕심이 많고 적고'가 아니라, 상황에 따라 다른 것이다.

아이를 하나 키우는 집과 셋을 키우는 집이 같을 수 없다.

일률적 기준을 들이댈 수는 없는 것이다.

그래서 상황과 처지를 초월하는 보편적 토대가 필요하다.

인생에는 수많은 요소들이 있고, 그것들은 날마다 변동한다. 따라서 그런 불안정에 기대면 평안이 없고, 그러면 행복도 없다.

내가 '가벼움'을 행복의 토대로 삼으라고 권면하는 이유다.

가벼움은 그런 가변적 요소들에 대한 가벼움이기 때문이다.

가벼움이 먼저다.

먼저 가볍게 떠오르지 않으면, 그대는 흔들리는 세상에 붙어서 덩달아 흔들릴 수밖에 없다.

행복도 기초부터 닦아라

돈 없이 행복할 수 있다는 말이 아니다.
돈 없으면 불행하다. 돈을 벌어라.
내가 말하는 건 행복의 기초에 관한 것이다.

행복에 특효약은 없다.
행복은 여러 요소의 균형이기 때문이다.
다만 그 요소들이 행복을 이루기 위해서는, 기초가 필요하다.
기초 공사를 해야 자재들을 쌓아서 집을 지을 수 있듯이.

바로 그것이 가벼운 마음이다.
나는 행복의 기초도 없이 행복을 짓는 사람들을 많이 봤다.
기초가 없으니 그 행복은 자꾸 무너져 내린다.

무엇으로 행복을 이루든, 그것은 상관없다.
돈을 벌어서 행복하고 싶은가? 그렇게 하라.
성공해서 행복하고 싶은가? 나쁘지 않다.
단, 그 전에 먼저 행복의 기초를 닦아라.

규칙의 준수, 사랑, 열린 마음, 생에 대한 긍정…
그러한 행복의 기초가 없다면
아무리 노력해도 행복을 세우지 못할 것이다.

살아있음의 행복

나는 늘 탄식했다. 왜 이렇게 불행하지?

하루하루가 너무 힘들었기 때문이다.

그러다 깨달았다. 행복에 주목하면 불행하다는 것을.

행복한 순간도 내 인생이고, 불행한 순간도 내 소중한 인생이다.

그런데 어찌 이 자식은 예뻐하고, 저 자식은 미워할 수 있겠는가?

이 노인의 우매한 말을 참고 들어주기 바란다.

1인의 깨달음에 불과해도, 참고할 가치는 있는 법이다.

행불행을 따지지 말고, 인생의 모든 것을 받아들여라.

꽃길도 걷고, 빗길도 걷고, 눈길도 걸어라.

흐린 날도 맑은 날의 미소로 맞아라.

내가 깨달은 바 – 생명은 살아있음을 행복으로 여겨야 한다.

그대가 행복으로 여기는 것이 행복을 준다.

가장 기본적인 것에 행복을 둘 때, 그대는 늘 행복할 것이다.

병실에서 나는 하염없이 울었다. 햇살이 휘날리는 창밖을 보며.

무엇이 서러운가? 어째서 끝없이 부족해 하는가?

살아서 숨 쉬는 환희! 생명에게 그 이상의 무엇이 필요한가?

대답은 그대의 행복관에 달렸다 · · · · ·

한 천사가 2가지를 알아오라는 명령을 받았다.

가장 행복한 사람, 가장 불행한 사람.

하지만 아무리 지상을 돌아다녀도 알 수가 없었다.

그러다 정원을 손질하는 남자가 보였다. 햇살과 꽃이 가득한, 작고 아름다운 정원이었다. 천사는 그 남자에게 물어보기로 했다.

"혹시, 세상에서 가장 행복한 사람을 아십니까?"

그러자 남자는 빙긋이 웃었다.

"사랑하는 사람의 소원을 이뤄준 사람이 가장 행복한 사람이겠죠."

"그런 사람을 아시나요?"

"제 어머니랍니다. 집을 떠나고픈 제 소원을 들어주셨으니까요."

"그럼 가장 불행한 사람은 누굴까요?"

"사랑하는 사람의 소원을 들어주지 못한 사람이지요."

"그 사람도 아십니까?"

"바로 저랍니다. 어머니의 소원을 들어드리지 못했으니까요."

천사가 조심스레 물었다.

"어머니의 소원이 무엇이었는데요?"

남자의 눈에서 눈물방울이 흔들렸다.

"이 정원에서 아들과 함께 사는 것이었답니다."

어머니가 선택한 것은 행복이었을까, 불행이었을까?

어머니는 불행했을까, 행복했을까?

얼마든지 행복할 수 있었는데…

사랑하며 사는 것보다 더 큰 행복은 없다.
사랑이 없다면, 세상을 다 가져도 불행하다.
행복을 추구하지 말고, 사랑을 추구하라.
그러면 행복을 만나리라.

살면서 나는 많은 잘못을 저질렀다.
많은 상처를 줬고, 많은 상처를 받았다.
그 또한 배움의 절차라고 생각한다.

하지만 아쉬움은 남는다.
내 마음이 조금만 넓었더라면.
내 마음이 조금만 가벼웠더라면.
싸우고 미워할 시간에, 웃으며 사랑했더라면…

어째서 화를 냈을까?
지나고 보면 아무것도 아닌 것을.
지금은 따뜻하게 안아 드리고 싶어도
저 차디찬 땅바닥을 가를 길이 없구나.

행복은
동적이다

행복의 선재성

행복에 대한 가장 큰 오해는, 행복을 결과물로 생각한다는 점이다. 성취의 보상이나 충족의 대가로 말이다.

그러나 행복은 결과물이 아니다.

행복은 세계관이기 때문에 결과와 무관하다.

행복을 위해 뭔가를 할 필요는 없다는 얘기다. 행복을 위해 아무것도 하지 않아도 되는 것이다. 그냥 행복하면 된다.

행복은 노력의 산물이 아니라, 하나의 상태이기 때문이다.

아이들을 위해 열심히 떡볶이를 만들어준다. 아이들이 맛있게 먹는 모습을 보면 행복하기 때문이다.

그러나 때로는 아이들을 그저 바라보기만 해도 행복하다.

그런 절대적 행복이 먼저 있지 않으면, 어떤 노력도 행복을 주지 못한다.

행복은 모든 것에 선재한다.

먼저 행복해라. 그래야 행복을 느낄 수 있다.

애인으로부터 선물을 받을 때, 이미 나는 '행복한 상태'였다.

그 사람 자체가 나의 행복이기에, 그이의 선물이 행복한 것이다.

충족과 상관없이 행복하라 　　　·····

행복이 먼저인가, 충족이 먼저인가?

우리는 충족돼야 행복하다고 믿는다. 조건의 충족, 욕구의 충족….

그런데 희한하게도, 행복이 먼저 있지 않으면 충족도 없다.

충족돼서 행복한 게 아니라, 행복해서 충족되는 것이다.

행복은 조건을 초월해 있으며, 충족이 아닌 결심의 산물이다.

지금 바로 행복하겠다고 결심하지 않으면, 어떤 충족도 행복을 주지

못한다.

나는 극악의 가난도 겪어봤고, 한때는 돈도 좀 만져봤다.

그러나 두 시기 모두 나는 불행했다.

나는 항상 그 이상을 원했기 때문이다.

현재에 만족하는 습성이 없으면, 세상을 다 가져도 불행하다.

이 많은 행복을 가지고도…

식당마다 시그니처 메뉴가 있다.

행복에게도 대표적인 맛이 있다. 싱거움이다.

행복의 맛은 싱겁다.

그래서 행복을 먹으면서도 행복인 줄 모른다.

부친의 유언장에는 보물을 남긴다고 적혀있었다.

하지만 아무리 집안을 뒤져도 보물은 나오지 않았다. 그래서 청년은 평생을 가난하게 살았다.

백발의 노인이 됐을 때, 이웃집 사람이 놀러 왔다가 그릇들을 보고 깜짝 놀라는 거였다. 고가의 골동품들이었기 때문이다.

"전문가라서 압니다. 천 년이 넘은 보물들이에요!"

하지만 노인은 그것들을 밥그릇과 반찬 그릇으로 써왔다. 보기에는 평범하고 투박한 사기 그릇들이었기 때문이다.

우리의 일상은 익숙해진 굉장한 행복들로 가득 차있다. 날마다 만나는 아침, 날마다 보는 가족, 날마다 먹는 음식, 날마다 걷는 거리…

얼마나 많은 행복이 우리를 둘러싸고 있는지!

그러나 우리는 그것들을 행복으로 여기지 않는다.

그리하여 평생 행복에 목말라 하다 죽는다.

강가에서 수분 부족으로 죽는 이처럼.

행복에 대한 환상을 깨라. 그래야 행복이 보인다.

2명의 맞선 상대

• • • • •

1호는 미녀다. 하지만 그녀는 너무 바빠서 10년에 1번 만난다.
2호는 평범하다. 하지만 매일 만날 수 있다.
둘 중에 누구랑 결혼하겠는가?

늘 함께 있어 주는 존재가 진짜 행복이다.
내 곁에 있어 주는 것- 그보다 소중한 게 있을까?
하지만 그래서 우리는 그것들을 홀대한다.
그리고는 평생 볼까 말까한 환상적 행복을 기다린다.

행복의 실체

과연 행복이란 게 있기나 한 걸까?

내가 살아보니, 행복은 특별한 느낌이 없는 듯싶다.

행복은 그리 특별한 게 아니라는 얘기다.

행복을 느꼈다면, 그것은 행복이 아니라 환희일 것이다.

그런데 환희는 너무 짧다. 흔치도 않고 말이다.

행복이 없다고 하는 사람은, 순도 높은 행복을 구하기 때문이다.

순수한 행복이란 존재하지 않는다. 행복은 언제나 불행과 섞여있고, 고통과도 공존하며, 평범한 일상에 오염돼있다.

그러니 고순도의 행복만을 행복으로 여기는 사람은 행복이 없다며 불행해 한다.

반대로 오염된 행복도 좋다고 하는 바보는 날마다 행복을 맛보며 산다.

너무 행복을 느끼려고 하지 마라. 사실 행복은 존재하지 않는다. 인생이라는 화합물에서 누가 행복만을 따로 추출할 수 있겠는가?

행복도 인간이 만들어낸 가상의 관념일 뿐.

지속 가능한 행복 ･････

행복이 감정의 상태라면, 행복은 존재할 수 없다.
감정은 수시로 변하기 때문이다.

우리는 지속적인 행복을 꿈꾼다.
그러나 그런 행복은 없다. 행복에게 지속성을 기대하지 마라.
어제는 기분 좋은 일이 있었다. 그래서 행복했다.
오늘은 불운이 겹친다. 그래서 불행하다.

우리가 생각하는 행복은 존재하지 않는다.
현실 속의 행복은 짧고, 싱거우며, 불순물투성이다.
그래서 나는 새로운 개념의 행복을 추천한다.
그것은 가벼운 상태다.

행복은 즐거움 감정이 아니라, 가벼운 상태다.
가벼운 상태는 각성과 의지와 훈련의 결과다.
그래서 감정을 초월해있으며, 다소의 부침이 있기는 하지만 지속이
가능하다.

상황으로부터의 자유

사람들이 원하는 행복은 상황의 행복이다.

행복한 상황을 행복과 동일시한다.

– 바로 그 관념이 불행을 낳는다. –

상황은 언제나 불안정하다.

상황에 기대는 행복도 불안정하다.

유일한 행복은 상황으로부터 자유로운 행복이다.

그런 행복이 가능하냐고?

고등학교 동창 중에 다리를 저는 애가 있었다.

항상 밝고 잘 웃는 친구였다. 너무 행복해 보였기에 나는 그 친구가

부러웠다. 그리고 졸업 후에 그 친구의 사망 소식을 들었다.

소아마비 증후군이 그렇게 무서운 병인지 몰랐다.

의사가 20살을 넘기지 못할 거라고 했단다.

그런데 그는 그 짧은 생을 웃으면서 살았다.

우리가 찡그릴 때도 그 친구는 웃었는데, 그때는 이유를 몰랐다.

시한부였기에 행복의 소중함을 알았던 게 아닐까?

행복의 가능성을 묻지 마라. 불필요한 우문이다.

우리도 똑같은 시한부 인생이다. 무조건 행복하게 살아야 한다.

상황에서 마음으로

상황에서 마음으로 행복의 토대를 바꿔라.
마음에 먼저 있지 않으면, 현실에서도 나타나지 않는다.

행복한 상황을 만들지 말고, 행복한 마음을 만들어라.
그게 빠르고 쉽다.

군대 동기가 군수병이었다. 나한테 라면을 많이 줬다.
제대해서는 자동차 정비소에서 일했다.
참 부지런한 친구였다. 그렇게 열심히 사는 사람을 본 적이 없다.
사실은 고생을 많이 한 친구였다. 거의 고아처럼 자랐고, 어려움이 많
았다. 하지만 나는 그가 팔자타령 하는 것을 본 적이 없다.

그 친구를 보면서 내가 느낀 것은 마음의 중요성이었다.
나는 부모를 원망하고 신세를 한탄했다.
하지만 그 친구는 나보다 훨씬 어려우면서도 늘 긍정적이었다.

마음만으로 행복할 수는 없다.
그러나 상황에 초연한 마음이 없으면 행복도 없다.

롤러코스터를 타는 자세   . . . . .

롤러코스터를 타는 사람은 2가지가 있다.
무서워서 싫다는 사람.
무서워서 좋다는 사람.
코스의 차이가 아니다. 똑같은 코스다.

힘든 상황에서도 밝고 즐겁게 살겠다는 결심을 하라.
아니면 인생이라는 롤러코스터를 즐길 수 없다.

인생의 목적은 행복이 아니다. 인생 자체가 인생의 목적이다.
행복이 목적이면 인생의 절반이 날아간다.
행복이 나오면 행복을 먹고, 불행이 나오면 불행을 마셔라.
오늘의 시련을 즐기며 사는 것이 최대치의 행복이다.

내가 추천하는 행복의 비결은 이렇다.
그냥 살아라. 행복을 잊고 행복하게 살아라.
무슨 말인지 알겠는가?
행복해지려고 하지 말고, 행복하라.

행복하다고 착각하라

행복하다는 착각,
어쩌면 그것이 행복의 실체일지 모른다.

착각의 도움 없이는 사실 행복하기 어렵다.
행복은 주관적이기 때문이다.

행복한 상황이 아닌데도 행복하다면
그 사람이야말로 행복이 뭔지를 아는 자가 아닐까?

행복은 행복한 착각이다.

> "행복과 불행은 인생을 행복하게 보느냐,
> 불행하게 보느냐의 차이다."
> - 모리스 마테를링크

물결 위의 오리 ‥‥‥

수면에 떠 있는 오리를 보라.
물결이 오르내리는데도 오리는 태평하게 떠 있다.
비결은 물결과 함께 오르내리는 것이다.
만약 오리가 가만있고자 한다면, 물결과 싸우다가 미칠 것이다.

불행 속에서 행복하라고 하니까, 나보고 미친놈이라고 한다.
비현실적인 소리를 하고 있다고.

오리를 보라. 위아래로 흔들리는데도 평온하다.
아니다. 위아래로 흔들리기에 평온한 것이다.

세상은 끝없이 넘실대는 물결과 같다.
행복하려면 불행 속에서 행복할 수밖에 없다.
내가 사는 세상을 떠날 수는 없지 않은가?
세상이 불구덩이라면, 불에 타면서 행복할 수밖에 없는 것이다.

물결이 오르내리는데 어찌 멈추고자 하는가?
그런 잔잔한 물결은 없다.
넘실대는 물결 위에서 꿀잠을 자는 오리가 되라.

행복은 동적이다

우리는 안정적이고 지속적인 행복을 원한다.
그러나 그런 행복은 없다.
행복은 정적이지 않다.

행복은 불안정하며, 쉴 새 없이 흔들린다.
세상이 요동치는데 어찌 정적일 수 있겠는가?
동적인 세상에서 정적인 행복을 원하니까 불행해진다.
없는 것을 찾으니 불행해진다.

정적인 행복의 꿈에서 깨어나라.
행복은 동적이다.
위태롭게 흔들리고, 오다가 가버리고….
하지만 그것이 고유한 행복의 특성이다.

행복이 아닌 것 같지만, 행복인 것이다.
그런 불분명한 상태에 익숙해져라.
행복은 깔끔하지 않다.
스트레스 쌓이고, 더럽게 꼬이고, 미치겠고, 그러다 겨우 한숨 돌리며
커피를 뽑아서 핸드폰을 켜면 가족의 사진이 뜨고…
대략 그런 모습이다.

중년을 넘긴 사람은 내 말을 이해할 것이다.
그것이 행복의 실제 모습이라는 것을.

살아있는 행복

삶은 끝없는 고통의 방문이다.
오전에는 웃었는데, 오후에는 울고 있다.

정적인 행복을 원한다면, 그대는 행복할 수 없다.
인생은 파동처럼 무수한 굴곡과 부침의 연속이기 때문이다.

고로 안정에서 행복을 찾지 말고, 살아있음에서 행복을 찾아라.
편안한 삶이 아니라, 생동하는 삶만이 생명을 만족시킨다.

생명은 존재만으로 만족하지 못한다.
생명은 물질이 아니기 때문이다.
그러나 현대인은 안정만 찾는 물질이 됐다.

행복의 가변성을 받아들여라.
죽은 행복이 아닌, 살아있는 행복과 진흙탕에서 뒹굴어라.
생동하라. 생명은 존재 이상이 되어야 한다.

받아들여라

수용의 3가지 태도 . . . . .

삶은 끝없는 수용의 과정이다.
그래서 수용의 태도가 인생을 결정한다.

1) 싫은데 억지로 수용하니 울고불고 난리를 친다.
2) 단념하고 입관되는 송장처럼 맥없이 수용한다.
3) 능동적이고 적극적으로 수용하여 양분을 얻는다.

선택은 그대의 맘이다.
그런데 태도가 결과를 좌우한다.
똑같이 수용하더라도, 태도에 따라 결과가 달라지는 것이다.
얻는 것이 다르기 때문이다.

삶에는 받아들일 수밖에 없는 고통과 불행이 많다.
어떤 자는 억지로 수용해서 아무것도 얻지 못한다.
어떤 자는 기꺼이 수용해서 성장의 계기로 삼는다.

빛을 위한 어둠 ・・・・・

철두철미한 어둠이 내렸을 때, 더는 눈이 필요 없다며 눈을 감은 자들이 있었다. 그들은 어둠 속에서 죽었다.

반대로 눈을 감지 않은 자들이 있었다. 그들은 어둠을 직시하는 공포에 빠졌다. 그들의 시신경은 쓰라린 어둠에 시달렸다.

그리하여 그들은 빛을 만났다.

조금씩 어둠을 뚫고서 들어온 빛이었다.

두 부류 중에 누가 어둠을 받아들인 자인가?

어두워서 눈을 감은 자들인가?

어두워도 눈을 뜬 자들인가?

수용은 포기가 아니다.

수용은 새로운 시작이다.

알을 품으면 새 생명이 잉태되듯.

어둠에 맞춰서 주저앉은 자들은 어둠을 수용한 게 아니라, 오히려 어둠을 거부한 것이다. 수용은 그 속에서 사는 것이기 때문이다.

어둠에 맞서서 빛을 찾은 자들이 어둠을 수용한 것이다. 어둠 속에서도 그들은 생명의 본능을 이어갔기 때문이다.

어둠 속에서도 눈을 감지 마라. 눈을 떠서 어둠을 빨아들여라.

그 어둠이 그대를 빛으로 인도할 것이다.

받아들여야 한다면 빨리 받아들여라 . . . . .

내 사촌이 당뇨병에 걸렸다. 그 즉시 운동을 시작했다. 합병증을 예방하기 위해서였다.

다행히 나는 정상이었다. 그래서 나는 운동을 하지 않았다.

1년 후의 결과는?

내 사촌은 병에 걸리기 전보다 건강해졌다.

병에 걸리지 않은 내가 더 건강이 나빴다.

참으로 희한하지 않은가? 병자가 더 건강하다니.

병을 받아들인 덕분이다.

사촌은 관리를 한 것이다. 왜 이런 몹쓸 병에 걸렸을까 한숨만 쉬었다면, 병세는 심해지고 마음의 병까지 생겼을 터.

위기에 빠진 자가 더 잘 되는 경우가 많다.

살면서 비극과 위기는 없을 수 없다. 스킵할 수 없는 인생의 절차다.

그렇다면 빨리 받아들이는 게 낫다.

울고불고 시간을 허비하지 마라.

병을 인정해야 약을 먹을 게 아닌가?

위기의 수용   · · · · ·

위기가 닥친 사람들에게 나는 전환점으로 삼으라고 충고한다.
위기는 인생의 극적인 전환점이기 때문이다.

위기가 생기지 않으면 사람은 절대로 바뀌지 않는다. 현재에 안주한
다. 그래서 위기는 정체된 현재를 깨뜨리는 망치다.
다행히 살면서 위기는 많다.
위기가 닥치면 도리어 기뻐하라. 대역전의 기회가 온 것이다.

위기가 없으면 좋을 것 같은가? 위기가 없으면 기회도 없다.
실패가 없으면 발전도 없다. 패배가 없으면 역전도 없다.
실수가 없으면 배움도 없다. 인간은 위기를 통해서 성장하는 것이다.

내 삶에서 획기적인 도약을 이뤘던 때는 모두가 위기 상황이었다.

넘어져도 좋다. 반드시 배움이 있다. 좌절만 하지 마라.
위기를 받아들이면 호기가 된다.

소치의 수치 ·····

소치 동계올림픽은 개막식에서 큰 오점을 남겼다. 오륜기를 펼치는 공연 중, 고리 하나가 고장 나서 펴지지 않았던 것.

전 세계가 그 실수를 지켜봤고, 러시아는 놀림거리가 됐다.

며칠 후 모든 경기가 끝나고 폐막식이 열렸다. 오륜기가 또 등장했다. 그런데 이때도 고리 하나가 펴지지 않는 거였다.

관중들은 또 사고가 났구나 탄식했다. 그 순간, 펴지지 않던 고리가 활짝 펴졌다. 이번에는 일부러 연출한 사고였던 것.

중계를 지켜보던 사람들은 깊은 감동에 휩싸였다. 개막식의 수치였던 사륜기가 재도전해서 기어이 오륜기를 완성해내는 모습에.

만약에 러시아가 처음의 실수를 덮으려고만 했다면, 그런 감동은 없었을 것이다. 그러나 러시아는 역발상으로 실수를 다시 보여주며 실패를 극복하는 인간 승리의 스토리를 연출했다.

그것은 사람들에게 희망과 용기를 선사했다. 개막식 때도 그 연출을 위해 일부러 실수한 게 아니냐는 음모론이 나왔을 정도.

아무 사고가 없었다면 완벽한 올림픽이 됐겠지만, 가슴 뜨거운 감동으로 두고두고 기억되는 올림픽이 되지는 못했을 것이다.

우리 모두는 고리 하나가 부족한 존재다. 그 사실을 받아들여야 한다. 그럴 때, 성찰과 용기를 통해 더 멋진 존재로 성장할 수 있다.

처음부터 오륜기라면 무슨 보람과 감동이 있겠는가?

우리의 삶은 사륜기를 오륜기로 완성해가는 감동의 올림픽이다.

고통의 수용 . . . . .

살면서 많은 고통을 겪었지만, 최악의 고통은 상실감이었다. 연인과 헤어졌거나 가족을 잃은 충격은 심장이 통째로 뜯기는 아픔.

심장이 빠져나간 빈 가슴엔 미칠 듯한 슬픔이 몰아친다.

아무리 울부짖어도 밖으로 표현되는 것은 십억 분의 일도 안 된다.

고통이 내모는 대로 슬퍼하며 괴로워하라.

단, 고통도 인생의 한 부분임을 인정하고 받아들여라.

그래야 언젠가 해가 뜰 때 창문을 열 수 있다.

아니면 해가 뜰 때 커튼을 닫게 된다.

천천히 깨닫게 되리라.

고통은 고통이 내 속에 들어오는 고통임을.

내 가장 깊은 곳에서 그것은 멈출 것이며, 거기서 영원히 둥지를 틀 것이다. 그렇게 고통과 하나가 될 때 비로소 고통으로부터 해방되는 것이다.

그러나 그것은 고통의 종식이 아닌, 고통과의 화해다.

그리하여 그대는 고통과 함께 숨 쉬며 살아가리라.

차라리 기뻐하라.

인간을 만드는 것은 기쁨이 아니라 고통이기 때문이다.

그대 속에 들어온 고통이 그대를 인간으로 만들 것이다.

불행은 엄격한 스승이다   .....

슬픔이 극하면 인간은 반드시 그 의미를 찾게 돼 있다.
고통의 의미만이 고통의 유일한 위안이기 때문이다.

살면서 불가피한 불행들을 만날 것이다.
거기서 의미를 찾아라. 그러면 불행은 스승으로 바뀐다.
인생의 비밀을 가르치고, 삶의 새로운 지평을 열어주는.

TV에서 푸른나무 재단 김종기 이사장의 사연을 봤다.

16살 아들이 학교폭력을 견디다 못해 아파트에서 뛰어내렸다. 처음에
는 자동차 지붕에 떨어져 죽지 않았다. 그러자 아들은 계단을 기어 올라
가 재차 뛰어내려 목숨을 끊었다.

그 대목에서 나는 눈물을 참을 수가 없었다.

하지만 그분은 슬퍼하고만 있지는 않았다. 아들 대현이처럼 고통받는
아이들을 돕는 재단을 설립한 것.

그 극한의 고통을 끌어안아서 그분은 사랑으로 승화시켰다.

약점의 수용

나는 머리가 무척 나쁘다. 지능뿐 아니라 모든 능력치가 최하위에 속할 것이다. 나는 내 약점을 숨기려고 들었다.

"기안 작성 다 했나?"
깜빡했다고 하면 되는데, 나는 변명을 늘어놓는다.
"아, 하려던 참입니다. 다른 급한 일을 하느라…."
"비용 청구를 언제 했지?"
지난주의 일인데도 기억이 나지 않는다.
"네? 뭐라고요?"
그렇게 시간을 끌면서 나는 재빨리 메모를 뒤적인다.
옆의 동료가 대신 답한다.
"금요일에 했습니다."

가끔은 내 머리를 갈라서 뇌가 들어있는지 확인하고 싶을 정도다.
어느 날 나는 솔직해지기로 했다. 스스로도 지쳤던지.

"4명이서 먹었으니까 더치페이하면… 금액이… 어….."
"8,500원씩 내면 되잖아. 그걸 계산 못 해?"
"아, 그러네. 나는 머리가 안 돌아가서…."
게다가 나는 심한 길치였다.
"어제 와봤다면서 길을 몰라?"

머리를 긁적이며 나는 웃었다.

"그러게 말입니다. 그래서 제가 닭대가리 아닙니까."

"아이고, 그렇게 머리가 나빠서 어떻게 살려고."

솔직하게 사니까 긴장할 필요가 없고, 마음이 편해졌다.

사람들도 나를 있는 그대로 받아들이기 시작했다.

"얘가 머리는 나쁜데, 솔직해서 좋아."

남에게 큰 피해를 입히는 게 아니라면, 약점을 굳이 고치려고 들기보다 내 것으로 인정하고 받아들이라고 권하고 싶다.

약점을 당당히 드러내는 편이 더 자신 있어 보이고 인간적이다.

내가 약점을 드러냈을 때, 예상했던 피해는 없었다.

나 혼자 너무 겁먹었던 것.

오히려 사람들은 내 약점을 내 특성으로 받아들였다.

약점을 수용하면 나만의 정체성이 되고 개성이 된다.

수용은 기회다 　　　　　　　　　　　　· · · · ·

수용은 무력한 굴복이 아니다.
너무들 모른다. 수용이 얼마나 큰 이득인지를.
불행을 어떻게 수용하느냐고?
나쁜 것을 수용해서 좋은 것으로 바꿔라. 그 시너지가 엄청나다.

우선은 내 속으로 흡수해야 양분을 추출할 수 있지 않겠나?
싫다고 내쳐버리면 아무것도 얻을 수 없다.
내게 박힌 칼날도 내 손으로 잡으면 내 무기가 된다.
거친 음식도 씹어서 소화하면 내 성장의 자양분이 된다.

살면서 원치 않는 것을 감수해야 할 때가 많다.
모멸과 수치, 비극과 불행…
그러나 사람이 정말로 성장하는 것은 싫은 것을 받아들일 때다.

지금은 너무 고통스러울 것이다. 하지만 이 노인의 말을 믿어라.
눈물이 마른 훗날, 지금의 고통에 감사하게 될 것이다.

운명의 수용

때로는 운명에 몸을 맡기고 떠내려가라.

수동적으로 보이지만, 확실한 의지와 의도를 가지고 한다면 수동적이라 폄하할 수 없다.

그것은 '능동적 수동'이요, 적극적 수용이다.

자유는 황홀한 게 아니다.

자유는 쓸쓸하고 고독하며, 지극히 불편한 것이다.

그럼에도 자유를 원하는 이유는 단 하나다.

생명은 주체적인 존재여야 하기 때문이다.

그 자유를 가지고 운명에 굴복하라.

운명에는 목적이 있다.

그대의 판단보다 운명이 훨씬 더 심오한 세계로 인도한다.

운명을 거부하면, 그 세계에 이를 수 없다.

운명의 특이점— 운명에 굴복해야 운명을 이길 수 있다.

운명은 운명의 바깥으로 우리를 인도하기 때문이다.

고로 운명에 적극적으로 끌려갈 때, 운명에서 해방된다.

운명은 우리를 붙잡아서 운명보다 높은 곳으로 던져버린다.

운명에게 굴복한 자가 '운명을 이긴 자'의 칭호를 받을 것이다.

수용은 강해지는 방법이다　·····

군 복무 때, 우리 부대는 아침마다 구보를 했다.

기상하자마자 뛰어야 하니 너무 싫었다. 나는 매일 낙오를 했다. 뒤에서 슬슬 걷는 등 요령을 피웠다.

그런데 내 동기는 달랐다. 그는 열심히 뛰었다.

"힘을 내! 운동할 수 있는 좋은 기회잖아!"

제대할 때, 동기는 멋진 몸매에 체력이 넘쳤다.

반면에 나는 저질 체력의 똥배가 돼 있었다.

내 후회는 힘든 일이 있을 때마다 한숨만 쉬었다는 사실이다. 그리고 다른 길로 달아났다.

그 결과, 나는 무능하고 정체된 존재가 됐다.

힘든 일을 피해 다니면 강해지지 못한다.

삶에서 불필요한 것은 없다. 필요하니까 있는 거다.

시련이 더 좋은 양분이 되고, 더 큰 성장을 이뤄낸다.

태풍이 와도 나무는 피하지 못한다. 뿌리가 깊이 박혔기 때문이다.

그 거친 바람과 차가운 비를 고스란히 맞는다.

그래서 부득불 나무는 굵고 깊고 강인해질 수밖에 없다.

강해지고 싶다면, 나무처럼 하라. 피하지 못하는 나무가 되라.

비가 갠 날, 아름드리나무처럼 강하고 아름다운 자신을 볼 것이다.

그냥
잊어라

증오의 집착

망각은 신이 주신 최고의 축복이다.
그러나 그 축복을 누리지 못한 친구가 있었다.
옛 직장 동기로, 관리과장을 한 달 내내 욕하고 다녔다.

"관리과장 때문이야. 결제를 제때 해줬어도!"
"네 신청이 늦었다며."
"관리과장이 바로 해줬으면 됐다고!"
만날 때마다 그 얘기다. 미칠 지경이었다.
"그만해. 지난 일이잖아."
하지만 소용없다. 침을 튀기며 했던 말을 또 한다.
"관리과장! 꽉 막힌 인간! 결제만 바로 해줬어도!"
뭐든지 그런 식이었다. 그러니 동기들은 다들 그를 피했다.

잊지를 못한다. 생각하고 또 생각한다. 말하고 또 말한다.
그런다고 해결될 게 아니다. 따져보면 별일도 아니다.
정작 동기는 관리과장 앞에서는 한마디도 못했다.

생각해봤자 본인만 손해다. 본인만 스트레스다.
지난 일이고 사소한 문제라면, 그냥 잊어라.
어떻게?
무조건! 바로! 깨끗이!

혼자 바보짓

정육점에서 고기를 사는데, 한 팩의 고기가 갈색을 띠었다.
"혹시… 오래된 거 아닌가요?"
그 말이 기분 나빴던 모양이다. 사장이 팍 인상을 쓴다.
"공기가 닿으면 변색될 수 있어요."

집에 돌아와서도 나는 사장의 태도가 거슬렸다.
"그 정도는 물어볼 수 있는 것 아닌가? 그런데 인상을 써?"
속이 좁은 나는 계속해서 화가 났다.
"그래도 내가 단골인데 말이야!"

며칠 후, 길에서 그 정육점 사장을 만났다.
나를 보고 환히 웃으며 아는 체를 한다.
"아이고, 반갑습니다. 잘 계셨죠?"
"아… 예… 뭐…."
"날씨 참 좋네요. 봄인가 봅니다!"

나는 끙끙 앓았는데, 상대는 기억조차 못 한다.
상대는 신경도 쓰지 않은 일을 나 혼자 끙끙댔던 것.

사람들이 나만 보며 사는 게 아니다.
누가 내 일을 나처럼 신경 쓸까? 자기 일에 바쁠 뿐이다.
가벼이 잊어라. 그게 자신을 위한 길이다.

상처에 둔감하라 ‥‥‥

불쾌한 경험은 잊어야 한다.
그러나 반대로 우리는 불쾌한 경험일수록 집착한다.
왜 자꾸 기억해서 자기를 괴롭히나?
자기를 애지중지해서다. 그러니 작은 상처에도 비명을 지른다.

자식이 맞고 오면 난리를 치는 부모와 같다.
하지만 우리는 어른이다. 자신을 강하게 키워라.
코피만 흘러도 울음을 터뜨리는 철부지가 되지 마라.

상처 좀 받아도 된다. 안 죽는다.
살다 보면 다칠 수 있다. 의연하라.

자아를 너무 과보호하지 마라. 자기를 위한 길이 아니다.
그렇게 허약해서 이 거친 세상을 어떻게 살려는가?

상처는 아무것도 아니다.
그 상처를 자꾸 후벼 파는 집착이 문제일 뿐.

망각의 평화 . . . . .

망각은 나의 평안을 위해서다.
망각하지 않으면 절대로 평안이 없다.

매일 우리는 수많은 자극에 노출된다.
일일이 신경 쓰면 살 수가 없다.
망각은 생존의 필살기다. 살기 위해 잊어라.

공격을 받았는가? 용서하고 시간을 아껴라.
상처를 받았는가? 망각하고 인생을 즐겨라.

자신의 평안을 위해 용서하고 망각하라.
나를 공격하는 것은 타인이 아니라 내 기억이다.
따라서 기억만 없애면 된다. 그것이 망각법이다.

무서운 건 통증이 아니라, 그 기억이다.
통증은 한 번이지만, 기억은 계속 나를 공격한다.
기억으로부터 자신을 보호하라!
망각의 평화를 누려라.

사소한 일이란?

사소한 일이란 무엇인가? 잊어도 되는 일이다.
잊어도 문제가 되지 않는 일이다.
그럼 잊어라.

말다툼한 사람을 잊었더니, 아무 문제가 안 생긴다.
그럼 사소한 일이다.
그런 일은 잊으라는 얘기다.

잊어서는 안 되는 일도 있다.
안전수칙을 잊으면 큰일 난다.
그 외에는 잊어라.

하지만 우리는 거꾸로 간다.
기억할 일은 잊고, 잊을 일은 꾸역꾸역 기억한다.
사실 우리가 잊지 못하는 일들의 90%는 잊어도 되는 것들이다.

'무조건 잊기'를 연습하라.

닭과 독수리의 차이

첫 번째 병아리는 지붕에서 뛰어내리지 못했다.
"무서워. 그리고 하기 싫어."
그래서 닭이 됐다. 땅에서 고양이에게 쫓기며 살았다.

두 번째 병아리는 눈을 질끈 감고 뛰어내렸다.
그리하여 자신의 날개를 발견했다.
하늘로 날아올라 독수리가 됐다. 고양이들이 그만 보면 달아난다.

모든 것은 딱 한 번의 차이다.
그 한 번으로 닭과 독수리가 갈린다.
땅과 하늘이 갈린다.

알에서 깨어났다고 독수리가 되는 게 아니다.
둥지에서 하늘로 뛰어들 때 독수리다.

딱 한 번이다. 그러나 그 차이는 크다.
딱 한 번을 못해서 평생을 닭으로 사는가?
딱 한 번만 용서해봐라. 딱 한 번만 잊어봐라. 그 후로는 쉽다.

그 한 번으로 삶의 차원이 달라지며, 그대는 새로운 존재가 된다.
땅에서 하늘로 인생의 무대가 바뀐다.

마음을 넓히는 법

마음이 넓은 사람은 도덕적인 사람인가?

아니다. 도덕성과 마음의 크기는 상관이 없다.

도덕적인데도 마음이 좁은 사람이 많다. 그런 사람이 더 피곤하다.

마음의 크기는 도덕성이 아니라 망각에 있다.

인격과는 무관하다. 그냥 타고난 천성이다.

낙천적이고 둔감해서 마음에 담지 않고 쉽게 잊어버린다. 그래서 마음이 넓어 보일 따름이다.

마음이 넓은 사람은 잘 잊는 사람이다.

그걸 역이용하라.

자꾸 잊어라. 그러면 마음이 넓어진다. (삭제해서 용량 확보.)

처음에는 힘들다.

하지만 그것의 영향에서 벗어나는 길은, 그것을 잊는 것뿐이다.

자유는 망각에서 온다.

쉽게 잊는 사람이 되라.

자유로워질 것이다.

회피와 망각

문제를 회피하는 게 아니냐고 반문할지 모른다.
그래도 나는 회피와 망각을 권하겠다.

심리학자들은 회피 심리가 나쁘다고 말한다.
그러나 내 생각은 다르다. 내 경험에 의하면 회피가 가장 좋았다.
회피하고 망각하라. 망각처럼 깨끗한 해결책을 본 적이 없다.

친구와 다툰 후에는 용서하고 잊어버려라.
복잡할 거 없다. 그냥 잊어라.
그게 가장 편하고 깔끔하다.
속병 든다고? 기억하고 있으니까 속병 들지.
아주 잊으면 속병 들 이유가 없지.

무조건은 아니다. 회피와 망각이 나쁠 때도 있다.
항상 좋은 것도 없고, 항상 나쁜 것도 없다.
상황에 따라 선택하라.

- 회피하면 조용히 해소될 때: 이때는 회피하라.
- 회피하면 속에서 곪아 터질 때: 적극적으로 해결하라.

먼저 분별하라

타 부서와 업무가 겹치는 일이 생겼다.

그걸 누가 하느냐를 두고 다툼이 벌어졌다. 이럴 때는 윗선에서 조정을 해줘야 한다. 그러나 부장은 신경을 쓰지 않았다.

덕분에 두 부서의 갈등은 심화됐고, 감정 싸움으로까지 비화됐다. 상당히 심각했다. 복도에서 만나면 부서원들 간에 몸싸움이 벌어질 정도였다.

결국 회사의 결속력은 크게 손상됐다.

문제를 방치한 결과다.

그런 문제는 피하지 말고 적극적으로 해결하라.

상처는 치료해야 한다. 아니면 속에서 곪아 터진다.

잊어야 할 것과 잊지 말아야 할 것을 분별하라.

잊는 법

그러나 망각은 쉽지 않다.
상처를 쉽게 잊겠는가?

방법은 집착이 주는 피해와 망각이 주는 유익을 생각하는 것이다.
그렇게 인식을 굳힌 후에는 망각을 연습하라.
처음에는 힘들지만, 몇 번 하면 쉬워진다.

집착은 인생을 허비하는 주범이다.
번민은 우리의 에너지를 갉아먹는다.
자신의 상처에 집중해서 잘된 사람을 본 적이 없다.

마음이 건강한 사람은 잘 잊는 사람이다.
쓰레기를 잊어서 황금에 집중하라.
왕성하고 활기차게 사는 자들은 자신의 상처에 무심한 자들이다.

자유와 생기를 원하는가?
마음의 상처를 잊어라.

가볍게
생각하라

7

고장 난 녹음기

몸에서 가장 무거운 건?
생각이라고 생각한다. 생각보다 무거운 게 생각나지 않는다.
생각의 무게가 정신을 압살한다.

가장 깊은 늪? 생각의 늪이다.
바닥이 없는 생각의 늪에 빠져본 적이 있는가?

에너지 소모가 가장 큰 기관이 뇌다.
생각은 지치게 한다.
반복되는 생각, 소모적인 생각을 끊어라.

자꾸 반복되면, 정상적인 생각이 아니다.
고장 난 녹음기는 폐기하라.
힘과 시간만 소모한다.

생각의 암세포

생각은 정신의 암이다.

생각은 필요하다. 생각 없이 살면 퇴보한다.
하지만 그것은 건강한 생각일 때다.

무한 증식하는 생각은 암세포다.
도려내라.

상상은 즐겁다. 하지만 상상도 지나치면 괴롭다.
필요한 생각만 하라. 길게 생각하지 마라.

생각이 무거우면 만사가 무겁다.
반대로 생각이 가벼우면 생기가 돈다.
늘 가볍게 생각하라. 활력이 넘칠 것이다.

병적인 생각을 끊는 훈련 . . . . .

어떤 생각이든 너무 커지지 않게 하라.
생각이 커지면 우주보다 무겁다.
그대가 감당할 수 있는 무게가 아니다.
생각의 무게에 짓눌려 압사한다.
생각이 커지기 전에 멈추는 방법뿐이다.

생각을 멈추는 훈련을 하라.
짧게 생각하는 습관을 들여라.

쉬운 일이 아니다. 자꾸 생각이 난다.
생각은 질겨서 칼로도 끊지 못한다.

방법은 관심을 돌리거나, 직관과 감정을 즐기는 것.
처음에는 안 된다. 하지만 끊다 보면 끊어진다.
생각도 습관이다. 바꾸기는 어렵지만, 바꾼 후에는 편하다.
단호하게 생각을 끊는 습관을 들여라.

생각을 먹이지 마라

모든 오해와 불안과 염려가 생각에서 나온다.
생각은 의심을 기르는 유모다.

생각하지 않으면 존재하지 않는다.
기억이 괴롭히는가? 간단하다. 생각하지 않으면 사라진다.
누가 나를 비웃는가? 무시하라. 생각하지 않으면 그만이다.
생각하지 않으면 그것은 어떤 영향도 끼치지 못한다.

생각이 존재다
문제가 원인이 아니라, 그것을 생각하는 너의 생각이 원인이다.
그것을 생각함으로써 그것에게 존재를 주고 힘을 주는 것이다.

생각을 끊는 것은 존재를 끊는 것이다.
그대를 괴롭히는 허상이 있는가?
생각을 주지 마라. 그러면 거품처럼 꺼져버린다.
그런데 왜 자꾸 생각해서 존재를 강화하는가?
너를 사냥하는 괴물에게 밥을 주는가?

생각의 끈

어째서 벗어나지 못하는가?

계속 생각하기 때문이다.

그것을 생각하면, 그것에 종속된다.

생각은 연결하는 끈이기 때문이다.

생각의 끈을 끊지 않으면, 그것으로부터 해방될 수 없다.

무엇에서 벗어나는 길은, 그것을 생각하지 않는 것이다.

생각을 주지 않으면, 그것은 마음에서 사라진다.

반대로 계속 생각하면, 그것은 점점 커져서 마음을 장악한다.

네가 생각하는 그것이 너를 지배한다.

생각을 비롯한 모든 것을 가볍게 하라.

"산란한 생각과 귀찮은 생각을 몰아내고
평안을 누리는 것은 얼마나 쉬운 일인가?"
- 아우렐리우스 명상록

생각을 끊는 능력

어째서 생각을 끊는 훈련을 하라는지 알겠는가?
너무나 유용하기 때문이다.
생각을 끊는 능력을 가진 자는 깊은 번민에 빠지지 않는다.
따라서 에너지 소모가 적다.

생각이 생활이다
슬프게 생각하면 슬프게 산다.
즐겁게 생각하면 즐겁게 산다.

생각이 마음의 조명이다
밝은 생각이 없으면 마음이 어둡다.
어둡고 소모적인 생각을 멈추고, 밝고 건강한 생각을 하라.

생각이 미래다
어떤 생각을 하는가를 보면 그 사람의 미래를 알 수 있다.
파괴적인 생각을 하는가? 반드시 파괴적인 행동을 하게 된다.
생산적인 생각, 긍정적인 생각을 하라. 밝은 미래가 온다.

생각으로부터의 자유

중대사가 아니면, 깊이 생각하지 마라.
깊은 생각은 반드시 오판을 낳는다.
핵심을 지나서 반대편 껍질을 찌르기 때문이다.

그런데 왜 자꾸 생각하는가?
몰라서다. 생각의 유해성을.

생각 없이 살 수는 없다.
단, 가볍게 생각하고 / 짧게 생각하고 / 즐겁게 생각하라.
생각의 시간이 아닌, 생각의 밀도를 높여라.

생각을 통제하라. 생각에 끌려가지 마라.
생각에게 누가 주인인가를 보여줘라.
그것은 원할 때 생각을 죽이는 권세다.

늘 가볍게 생각하라 ·····

남한테 맞출 줄도 알아야 한다.
남한테 잔소리로 들린다면, 말하는 방식을 바꿔야 한다.
아무리 옳은 말이라도.

가볍게 생각하라. 그러면 답이 나온다.
남이 싫어하면 안 하면 되는 거다.
그런데 원리원칙 따지면서 분란을 일으키는가?
그래서 무슨 대단한 것을 얻겠다고?

원칙을 내세우지만, 사실은 자기 방식을 고집하는 것.
원칙을 내세우면서 원칙을 따르는 자를 본 적이 없다.

많이 생각할 때마다 나는 오판을 했다.
복잡한 세상과 끝없는 스트레스… 그럴수록 가볍게 생각하라.

답을 찾기란 쉽다. 모든 정답은 큰 글자로 적혀있다.
하지만 복잡한 생각이 우리의 눈을 가린다.
마음을 비우고 가볍게 생각하라. 그때 보이는 게 정답이다.

제4부

가벼워지는 법

· · · · · · ·

내가 살면서 깨달은 바, 행복은 가벼움에 있었다.
가벼움은 행복의 토대다.
돈이 많아도 가볍지 않으면 행복할 수 없다.

자신에 대해 가벼워라.
타인에 대해 가벼워라.
세상에 대해 가벼워라.

가볍게
살기

1

존재의 무게

가벼움은 무게를 벗는 게 아니다.

무게를 벗는다면 무책임한 인간이 될 것이다.

가장이 가족의 무게를 벗어던진다면 어떻게 되겠는가?

가벼움은 오히려 무게를 인정하는 것이며, 무게를 기뻐하는 것이다.
무게는 존재의 증거이기 때문이다.

가벼움이란, 무게로 인해 슬퍼하지 않는 것.

무게를 나의 본질로서 인정하면, 무게가 날개가 되리라.

그러나 1g의 무게라도 슬퍼한다면, 그대는 그 1g에 짓눌려서 숨을 쉬
지 못할 것이다.

가벼움이란, 무게를 당연하게 여기는 것.

무게를 부당하게 생각하기에, 무게와 싸우며 더 무거워진다.

존재의 무게를 사랑하라.

비본질적 무게 ・・・・・

단, 헛된 무게는 버려라.
본질이 아닌 무게 – 집착과 비교와 증오가 낳은 무게는 버려라.
그것은 버릴 수 있으며, 또한 가차 없이 버려야 하는 무게다.

지구를 짊어진 자가 되지 마라. 인간은 신이 아니다.
세상은 언제나 무거운 것.
그대가 세상을 들 수 있겠는가? 우주를 들어 올릴 수 있겠는가?
그런데 어째서 그대의 마음은 세상의 무게로 꽉 차 있는가?
감히 세상을 짊어지겠다는 말인가?

아틀라스가 되려고 하지 마라.
근심 불안 짊어진다고 걱정하던 일이 안 생기던가?
자기보다 큰 무게를 짊어지고 끙끙대지 마라.
그냥 벗어버리면 된다.

마음에도 다이어트가 필요하다.
쓸데없는 무게를 내려놓고 가벼워져라.

전체 인생의 예산을 세워라

$\cdots\cdots$

현재의 능력을 통해 미래의 기대수입을 예측할 수 있다.
거기에 맞춰서 원하는 삶의 구도를 짜라.

저축도 해야 하고, 애들도 키워야 하고… 쉬운 작업이 아니다.
부부가 머리를 맞대고 연구하라.
부동산과 유동자산의 비율도 고려하라.
(가볍게 살려면 유동자산의 비율이 높은 게 나을 수 있다.)

현실에 맞는 계획을 권한다.
대박이 날지 모른다고? 상당히 드문 일이다.
내 친구들도 젊을 때의 기대치에서 크게 벗어나지 않더라.

되는대로 살지 말고, 인생 전반의 계획을 세워라.
얼마를 모으고, 얼마를 쓰고, 어디에 쓸지를.

가볍게 살려면 지혜가 필요하다.
특히 경제의 운용을 지혜롭게 하라.

날기 위한 균형

균형이 무너진 새는 돌처럼 추락한다.
가벼움은 균형에서 나온다.
무게가 없어서 가벼운 게 아니라, 중심이 잡혀서 가벼운 것이다.

균형은 정적인가? 아니다. 균형은 동적이다.
균형은 서 있기 위함이 아니라, 움직이기 위함이다.
계속 움직이기 위해서 균형이 필요한 것.
균형이 주는 가벼움은 역동적이면서도 안정적이다.

삶의 요소들의 균형을 맞춰라.
너무 경제력만 좇지 마라. 피곤해진다.
너무 정신력만 좇지 마라. 빈곤해진다.
빈곤하면 가볍지만, 힘이 없어 날지 못한다.

가벼움은 날기 위한 것이다.
날지 못하는 가벼움이 무슨 소용이겠는가?
힘과 가벼움을 적절히 겸비하라.

가벼움이란 적당함이다. 無를 말하는 게 아니다.
무엇에도 지나치지 마라.
잘 맞는 옷처럼 적당할 때, 최적의 유연성이 나온다.

경쾌하게 살아라　　　· · · · ·

무게는 너를 눌러서, 네가 자신의 무게를 증오하도록 할 것이다.
거기에 속지 마라. 무게는 너의 존재성이기 때문이다.
무게는 너를 눌러서, 네가 삶을 포기하도록 할 것이다.
거기에 저항하라. 삶의 무게가 없으면 삶의 깊이도 없다.

손으로 치우는 게 아니다. 열기로 태워버리는 것이다.
어둠을 퍼내는 게 아니다. 빛으로 채우는 것이다.

중력은 그대로다.
그러나 즐겁게 나는 새는 중력을 느끼지 못한다.
고통은 그대로다.
生의 환희로 타오를 때, 고통은 열정의 연료가 된다.

해가 져서 어두운 게 아니다.
네 마음에 빛이 없어서다.
못돼서 미운 게 아니다.
네 속에 사랑이 없어서다.

무게를 짊어지고 경쾌하게 살아라.
열정이 그 모순을 가능케 한다.

그냥 돌아서 가라, 싸우지 말고 $\cdots\cdots$

한 상인이 점원에게 심부름을 시켰다.

그런데 날이 저물고 며칠이 지나도 점원은 돌아오지 않았다.

"일하기 싫어서 달아났나?"

10년 후, 상인은 오솔길을 지나게 됐다.

커다란 바위가 오솔길을 막고 있었다.

한 사람이 그 바위를 노려보며 떠드는 게 아닌가?

"이 못된 바위야. 어서 비키지 못할까?"

그 사람의 행색은 엉망이었고, 몰골은 앙상하게 말랐으며, 발밑에는 풀뿌리와 벌레들의 잔해가 흩어져 있었다.

자세히 보니 그 사람은 10년 전에 사라진 그 점원이었다.

"자네…, 여기서 뭐하는 겐가?"

"저 바위가 길을 비킬 때까지 기다리는 중입니다."

"그래서 벌레를 잡아먹으며 10년을 이러고 있었다는 말인가?"

상인은 기가 막혀서 한숨이 나왔다.

"그냥 자네가 옆으로 돌아가면 됐을 일을!"

그리고 그만 가자고 했으나 점원은 거절했다.

"바위한테 질 수는 없죠. 바위가 먼저 비키지 않으면 안 갑니다."

세상에 이런 바보가 어디에 있겠냐고?

우리의 상당수가 그런 바보다. 그런 어이없는 일이 날마다 무수히 벌어지고 있다는 사실을 모르는가?

이 한심한 점원은 고작 10년이지만, 평생을 버티는 바보도 많다. 쓸데없는 대치에 일생을 허비하면서 말이다.

더욱 안타까운 사실은, 그 점원이 한 발자국도 앞으로 나아가지 못했다는 사실이다. 그는 인생을 허비했을 뿐 아니라, 자신의 미래도 망쳐버렸다.

그가 자존심을 접고 바위를 돌아서 갔더라면 멋진 일들을 경험했을 것이다. 사랑하는 여자를 만나서 결혼하고, 좋은 사람들과 교제하고, 아름다운 영화를 보면서 감동하고, 자신의 잠재력을 실현해가는 등.

하지만 그는 바위와 맞서느라 그 모든 미래를 날려버렸다.

어째서 길이 막혔다고 불평하는가?
방향을 바꾸지 않는 내가 문제다.

어째서 환경을 탓하며 운명이 바뀌기를 기다리는가?
아무리 욕해도 운명의 바위는 꿈쩍하지 않는다.

어째서 남이 움직이기를 바라는가?
내가 나를 움직이고 마음을 여는 편이 빠르다.

생각해보라. 무엇을 바꾸는 게 쉽겠는가?
그대가 마음을 열고 성장을 계속하면 멋진 미래가 달려온다. 그런데 왜 스스로 멈춰서 있는가?

다툼과 원망과 걱정이 앞을 가로막는가?
그냥 옆으로 돌아가라. 무시하고 지나가라. 그럼 된다.
그걸 왜 못해서 멋진 미래를 망치는가?

미래는 현재가 만든다

현재에 따라 미래는 시시각각 바뀌는 것이다.
현재를 조금 바꾸면, 미래는 완전히 바뀐다.
현재의 $1°$는 미래의 $180°$다.

그 말이 희망적으로 들리는가? 사실은 무서운 말이다.
현재가 조금만 흔들려도 미래가 무너질 수 있다는 뜻이니까.

게임하고, 술 처먹고, 허세 잡던 동창 중에 잘된 놈을 보지 못했다.
삶에는 엄중한 면이 있다.
쓸데없는 일로 현재를 낭비하지 마라. 미래까지 없어진다.

반대로 그대가 조금만 성장해도 미래는 현격하게 발전한다.
미워하지 말고 포용해봐라. 전쟁터가 리조트로 바뀐다.
좋은 말과 좋은 생각을 심어라. 꽃밭에서 살게 된다.

무거울수록 가벼워라

삶은 고되고, 세상은 거칠다.
바로 그래서 마음을 가볍게 해야 하는 것이다.

세상이 무겁다고 덩달아 무거워지지 마라.
사실 우리가 가볍게 할 수 있는 것은 마음뿐이다.
마음마저 무겁다면 삶의 무게를 어떻게 견디려느냐?

가벼워서 가볍게 사는 게 아니다.
무거워서 가볍게 사는 것이요, 무거워도 가볍게 사는 것이다.

– 생각을 줄여라. 생각이 많으면 무거워진다.
– 미래의 불행을 상상하지 마라. 불안해서 못 산다.
– 인생은 고행이다. 고통을 당연하게 여겨라.
– 밝고 즐겁게 살아라. 인생은 지옥 속의 축제다.
– 힘들어도 미소를 버리지 마라.

> "별은 무한한 어둠에 둘러싸여 있다.
> 그러나 빛을 잃은 적이 없다."
> - 고자

마찰을 줄여라 . . . . .

성공한 CEO들의 공통된 덕목이 '타인에 대한 존중'이라는 조사가 있다.
최대의 장애물은 사람과의 마찰이다.
타인과의 마찰을 줄이면 그대는 거침없이 달릴 수 있다.

물론 싸워야 할 때도 있다. 중요한 싸움이라면.
하지만 대다수는 공연한 싸움이다. 소모적인 싸움이다.
쓸데없는 마찰을 줄여라. 마찰도 우리를 붙잡는 무게다.

모든 사람과 마찰을 일으키던 친구가 있었다.
중요한 이유도 아니었다. 상대가 마음에 들지 않거나, 일하는 방식이
자기 기준에 맞지 않으면 참지 못했다.
그 친구의 생애는 좋지 못했다.
일단은 사람들이 등을 돌렸고, 그는 더 이상 성장하지 못했다.

내가 나를 막는다

고속도로가 좋은 이유가 뭔가?

신호등이 없다는 점이다. 그래서 시원하게 달릴 수 있다.

우리의 인생도 같다.

어떤 사람은 뻥 뚫린 고속도로를 쌩쌩 달린다.

어떤 사람은 꽉 막힌 시내에서 '가다 서다'를 반복한다.

장애물이 많으면 하루하루가 답답하다.

그 장애물의 상당수를 자신이 만든다는 사실을 아는가?

사소한 일로 적을 만들고, 가족까지 원수로 바꾸고, 기분 나쁘다고 일을 망치고, 열등감과 집착으로 자신의 행진을 자신이 막는 것이다.

내가 나를 막고 있다는 사실을 모르는가?

나로 인해 막히는 건 남이 아니라 나다.

속 터지는 건 남이 아니라 나다.

말과 행동에 윤활유를 쳐라.

한 방울만 쳐도, 인생의 엔진이 힘차게 돌고 길이 뚫린다.

진짜 피해자

사람을 미워하면 내 심장에 가시가 돋는다.
그 사람을 찌르는 가시다.
그 가시가 내 가슴부터 찌른다.

남을 미워하는데 내가 피를 흘린다.
미워할수록 내가 병든다.

남을 욕하면 내 혀에 가시가 돋는다.
내 모든 말이 따가워진다.
사람들이 귀를 막는다.

남을 욕하는데 내가 욕을 먹는다.
사람들이 나를 떠난다.

생명의 가벼움

생명은 물건과 다르다.
물건은 유용성을 따지지만, 생명은 그 자체가 가치다.
하지만 우리는 생명을 버렸다. 경쟁하지 않아도 되는 가치를.
유용한 물건이 되기 위해 스스로.

생명을 회복하라.
유용한 존재가 되지 말라는 게 아니다.
모든 것에 선재하는 가치부터 되라는 얘기다.

유능함과 스펙과 자산은 나의 고유한 가치가 아니다.
그래서 부도를 맞거나 건강을 잃으면 나를 떠난다.
그러나 생명의 가치는 내가 살아있는 한 나를 떠나지 못한다.

- 모든 생명의 절대적 가치를 존중하라.
- 생명을 최우선시하라. 생명을 물질보다 높여라.
- 심신의 생명력을 돈보다 중시하라.
- 생명에 필요한 물질과 여유와 활력을 확보하라.
- 생명을 그 소유로 평가하지 마라.
- 생명을 사랑하라. 나의 생명을, 남의 생명을.

그런 개인, 그런 사회가 돼야 한다.
그러면 생명의 가치가 살아나고, 생명들은 생명력을 회복할 것이다.

우리 각자가 세상의 행복이다

나는 믿는다.

이 고통뿐인 인생에서, 희망과 행복은 우리 자신이 만들어야 한다고.

원하는 게 없다면 없는 것이 아니라, 우리가 만들지 않은 거다.

우리가 누리는 것들을 보라.

처음부터 세상에 있던 것들도 있지만, 상당수는 조상들이 만들어 물려준 것들이다. 그것이 우리의 희망이 되고 행복이 됐다.

너 또한 그렇게 하라.

행복이 없다고 울지 말고, 행복을 만들어라.

그리하여 주변인들에게까지 행복을 나눠줘라.

어렵지 않다. 밝고 가볍게 살면 된다.

가벼운 삶에는 상쾌한 전염력이 있기 때문이다.

어째서 찾느냐? 돈이 아니다.

사람이 희망이고 행복인 것을 모르느냐?

행복을 찾지 말고, 행복이 되라.

네가 찾는 것은 네 속에 다 있으니, 꺼내기만 하라.

네 자신이 행복이 되고, 세상의 희망이 되라.

> "인간은 자기 행복의 작성자다."
>
> - 헨리 데이비드 소로

행복의 씨를 뿌려라

그 마을은 냉랭하고 삭막했다.

그런데 한 주민이 마당에 꽃을 심기 시작했다. 예쁜 꽃이 만발하니 보기 좋았다. 그러자 이웃 사람이 꽃씨를 얻어갔다.

그렇게 꽃을 심는 집들이 늘어났고, 급기야 마을 전체가 꽃으로 뒤덮였다. 그리하여 그곳은 근방에서 가장 아름다운 마을이 됐다.

내가 웃으면 다른 사람의 얼굴에도 웃음꽃이 핀다.

내가 찡그리면 다른 사람의 얼굴에도 독초가 핀다.

우리 각자가 사회의 행불행을 좌우하며, 타인의 행복에 관여한다.

우리 모두는 사회의 행복에 책임이 있다.

엄청난 업적을 세워야만 사회에 기여하는가?

아니다. 그런 영웅이 몇 명이나 되겠는가?

모든 씨앗은 작다. 작은 씨앗을 뿌려라. 그런데 온 세상이 바뀐다.

카트를 밀고 오는 사람을 위해 마트의 문을 잠시 잡아줘라.

콜센터 상담원에게 '즐거운 하루 되세요!' 따뜻한 인사를 남겨라.

어떤 씨를 뿌리느냐가 우리가 살 세상이다.

독초의 씨를 뿌리면 우리는 지옥에서 살게 될 것이다.

미움의 씨를 뿌리지 말고, 사랑의 씨를 뿌려라.

사회가 행복해야 나도 행복하다.

무거운 가벼움

타인에 대해서도 가벼워라.
타인을 가볍게 여기라는 게 아니라, 가볍게 반응하라는 뜻이다.

방법은 나에 대해 가벼워지는 것이다.
나에 대해 가벼워야, 타인에 대해서도 가볍다.
내가 무겁기에 타인에 대해서도 무거운 것.

너 자신으로부터 자유하라.
가장 큰 무게는 자기 자신이다.

비결은 타자를 사랑하는 것이다.
타자를 향할 때, 나는 나를 벗어나서 확장된 내가 된다.
음악은 생명에 대한 사랑이며, 인간은 가장 아름다운 음악이다.
삶을 지속하는 것은 사랑하고 있다는 증거다.

무거운 가벼움, 결박된 자유함으로 가라.
허무와 공포를 살라버리는 생명력으로 타올라라.
가볍게 사는 것? 한 곡의 음악이 되어 흐르는 것.

무게에
대해

모두의 무게 ·····

내가 알던 이혼녀가 있다.

불우한 가정에서 자라 결혼을 했으나, 젊은 나이에 애 둘을 낳고 이혼했다. 이혼했다기보다는 남편이 집을 나가버렸다.

"부부싸움 안 하니 좋죠 뭐."

이제 서른인 그녀의 하루는 고달프기 짝이 없다.

온종일 식당에서 일하고 귀가하면 엉망진창인 단칸방이 그녀를 맞는다. 악다구니 같은 어린것들은 한 번 울면 그칠 줄을 모른다.

암에 걸린 어머니까지 챙겨야 한다.

그 지옥 같은 생활에서 벗어나는 것만이 그녀의 꿈이지만, 별 희망은 없다. 망나니 오빠 때문에 진 빚은 또 어쩌란 말인가?

한 남자를 만났지만, 술 취한 주먹에 두들겨 맞고 헤어졌다. 게다가 뼈 빠지게 모은 돈을 놈이 빼돌려 달아났다.

지금도 그녀를 생각하면 가슴이 아프다.

TV가 외면해서 그렇지, 이 땅엔 그렇게 사는 이가 정말 많다.

하지만 돈 많은 부자라고 행복한 건 아니다.

커다란 식당만 서너 개 가진 알부자로 알고 있다.

무엇을 사든지 고민을 하지 않는다. 가전제품을 살 때도 전화를 걸어서 '그 매장에서 제일 비싼 걸로 보내 주시오.' 하면 끝이다.

하지만 그 부자 역시 편치만은 않다. 아들이 하나 있는데, 여간 골치가 아니다. 지금도 패싸움에 휘말려서 재판 중이다.

그분이 한숨을 내쉬며 하는 말을 들었다.
"다른 건 다 돼도, 자식 문제는 돈으로 안 돼."

삶의 무게에 허덕이는 사람들.
육신이 아닌, 정신의 무게였다.
지구의 중력장이 아닌
삶의 중력장으로부터 발생하는 무게였다.

나는 그 무게를 모든 어깨에서 보았다.
심지어 내 어깨에서마저…
그 발견은 사과의 추락이 아닌, 나 자신의 추락으로부터였다.
저들을 찍어 누르던 무게가
이제는 내 어깨를 찍어 누르고 있었다.

엘리베이터 속에 채워진 얼굴들의 암묵 속에서도,
정류장 푯대 밑에서 버스를 기다리는 구두들의 꾸며진 미소,
얼어붙은 쓰레기를 파헤치는 개의 피투성이 발톱에서조차
그 무게는 가차 없이 목도되었다.
먼 과거로는 부처와 공자, 카프카의 이마에서까지…

나는 두려움에 떨며 달아났다.
그리고 나의 안식처로 들어가 방문을 걸어 잠갔다.

그러나 이미 거울 속에서…
그 무게는 나를 기다리고 있었다.

존재의 대가

모든 존재에겐 무게가 있다. 무게가 없는 존재란 없다.
존재하려면, 우리는 그 무게에 짓눌려야만 한다.

부자든 빈자든, 그 무게로부터 자유로울 수는 없다.
즉, 무게는 존재의 본질이다.

그대를 짓이기는 삶의 무게들…
그것이 그대 자신임을 아는가?

그대와 무게는 같다.
생명이 곧 생명을 누르는 무게.

그대가 존재함으로써
그대의 무게도 생겨난 것이다.

그대의 삶에서 고통을 지우면,
그대 자신이 없어져 버린다.

내가 만든 무게

곰곰이 짚어보니, 일부 무게는 가벼운 것들이었다.

무게라 할 수도 없는.

어떻게 그런 가벼운 것들이 우리를 납작하게 짓누를 수 있을까?

우리 스스로 그 가벼운 것들에게 무게를 부여했기 때문이다.

우리는 우리가 만든 무게에 짓눌리는 셈이다.

물론 상황이 만든 무게도 있다. 그런 무게는 노력해서 줄일 수 있다.

그런데 무게의 상당수는 우리의 마음에서 나온다.

그런 무게는 애당초 없어도 됐을 무게.

따라서 그런 것은 무게만 부여하지 않으면 된다.

방법은 무시하는 것이다.

내가 그토록 '끊기'를 연습하라고 권면한 이유다.

생각을 끊기, 관심을 끊기, 집착을 끊기.

여러 가지 방법을 써봤지만, 의지와 훈련밖에 없었다.

가벼움이 주는 자유를 생각하고 힘을 내라.

마음의 무게만 줄여도, 삶의 무게를 버틸 수 있다.

불가항력의 무게   . . . . .

우리는 평생 무게와 싸운다.
다름 아닌 자신의 무게와….

공을 떨어뜨리는 것은 다른 무게가 아니다.
공 자신의 무게다.

그대를 짓누르는 것은 남이 아니다.
그대 자신이다.

그럼 그대는 자신의 무게를 벗을 수 있는가?
아마도…
우주를 벗는 편이 쉬울 것이다.

어렵지 않다

무게를 없애는 게 아니다.
무게와 싸우는 게 아니다.
무게와 함께 뜨는 것이다.

무게로부터 달아나려고 하지 마라.
무게 속에서 살짝만 떠올라라.
발이 땅에서 떨어질 정도만.

족하다. 지진이 나도 흔들리지 않으니.
경쟁에서 이기는 것보다 쉽다.
바닥에서 뜨는 거지, 꼭대기까지 오르는 게 아니다.

그토록 무거운 이유

우주의 무게들은 이어져 있다.

무수한 별들과 은하들은 중력으로 복잡하게 얽혀 있다.

수억 광년 떨어진 은하도 우리의 은하에 영향을 끼치는 것이다.

내 어깨에는 내 무게만 걸리는 게 아니다.

지구 반대편 누군가의 무게도 내게 걸리며, 내 무게 또한 그의 무게에 편승한다. 우리 모두는 동일한 중력장 안에 있으며, 그 중력의 일부를 구성하기 때문이다.

타인의 무게가 내 무게가 되고, 내 무게도 타인의 무게가 된다.

아무도 이 복잡한 무게의 사슬로부터 자유로울 수 없다.

그렇게 형성된 인류의 중력장은 모두에게 똑같이 걸린다.

그런 의미에서 한 사람의 체중은 인류의 체중과 같다.

더 나아가 지구의 무게가 되고, 태양계의 무게가 되고, 전 우주의 무게가 된다. 결국, 1인의 무게는 우주의 무게와 같아진다.

이제는 그대에게 걸린 무게가 왜 그토록 무거운지 알 것이다.

인간은 늘 우주의 무게를 짊어지고 다니는 존재인 것이다.

그 무게를 느낄 수 있는 것은 인간뿐이며, 우주의 무게를 짊어졌으니 힘든 것은 당연하며, 그래서 삶의 무게에 허덕이는 존재라 해도 인간이란 참으로 놀라운 존재인 것이다.

헛된 무게에 대한 저항　　　　. . . . .

어렵던 시절, 나는 내 똥차를 주차하다가 고급 승용차와 접촉사고를 낸 적이 있다. 경미한 사고였는데, 상대 운전자는 내 차와 나를 훑어보더니 피식 웃었다.

선글라스를 낀 새파란 젊은이였다. 그는 마치 아량을 베풀듯이 나를 향해 손목을 까딱하고는 그냥 차를 몰고 가버렸다.

고마우면서도 나는 심한 모멸감을 느꼈다.

자격지심이었다.

내가 얼마나 불쌍해 보였으면 그냥 갔을까. 변상 요구도 없이.

어떤 차를 타느냐가 어떤 인격을 가졌느냐보다 중요한 시대가 됐다.

사람들은 넓은 아파트를 찾지, 넓은 마음을 찾진 않는다.

하지만 내가 세상보다 나은 게 뭔가?

나처럼 잘못된 잣대로 부끄러워한다면, 그게 더 부끄러운 짓이다.

헛된 무게에 눌리지 마라. 강하라. 당당하라.

이긴 자가 아니라, 옳은 길을 간 자가 승자다.

무거우면서도 가벼운 것은?　　　　　· · · · ·

교회에서 만났던 분인데, 외국인 노동자 돕는 일을 하신다.
본업을 하면서 틈틈이 돕는 것이기에 힘이 든다고 한다.
시간을 많이 **뺏기고**, 그만큼 수입도 줄고.
하지만 보람을 느낀다고. 전보다 **행복**하다고.

그런 보람도 우리를 가볍게 하는 날개다.
무거운 사랑이 우리를 가장 높이 띄운다.
사랑은 세상에서 가장 큰 날개이기 때문이다.

조금 적게 벌면 어떤가? 더 큰 것을 얻는다면.
우리는 고가품을 싸구려와 바꾸는 바보들이다.
보다 값진 것을 추구하라.
외제 차, 호화 주택, 고위직 같은 싸구려보다, 마음의 평안, 이웃과의
행복, 삶의 보람 같은 더 비싼 것들을 사라.

먼저 가벼워져라 　　　　　　　　　· · · · ·

우리는 날개를 가지려 든다. 자유롭게 날고파서.
부의 날개, 명성의 날개, 권력의 날개.
그러나 쉬운 일이 아닐뿐더러, 시간이 걸린다.

날개 자체도 무게임을 알아야 한다.
날개를 가진 후에는 날개의 무게를 고스란히 감당해야 하며, 계속 날
개를 치고 있어야 한다.

날개를 갖지 말라는 게 아니다.
그보다 먼저 가벼워지라는 얘기다.

영원히 나는 법은 날개를 치는 게 아니라
가벼워짐으로써 둥실 떠오르는 것.

그것은 노력이나 경쟁이 필요 없고, 시간도 걸리지 않는다.
힘의 자유가 아닌, 초월의 자유다.
그것이 먼저 있지 않으면, 날개도 자유를 주지 못한다.
아니, 날개가 오히려 자유를 방해하는 짐이 된다.

그 무엇보다 먼저 가벼운 자가 되라.

날개 없는 구름처럼 · · · · ·

구름을 보라.
날개가 없어도 떠 있지 않은가?
가볍기 때문이다.

가벼운 자에게는 날개가 필요 없다.
세상에 대해 가벼워져라.
그러면 날개를 치지 않아도 떠오르리.

별을 보라.
진정 높은 것들은 날개가 없나니.

날개가 있는 것은 언젠가 반드시 떨어진다.
그러나 날개가 없는 것은 영구히 하늘을 난다.

가벼움의 목적 · · · · ·

인간에게 중요한 가치는 무엇인가?
사랑, 행복, 자유다.
그들을 모두 아우른 단어가 생명이다.
생명은 반드시 사랑과 행복과 자유를 찾는 탓이다.

생명 속에 모든 게 있다.
고로 생명력으로 충만하라.
과욕과 집착과 증오를 버림은 생명력으로 풍성하게 하려 함이다.
가벼움도 생명을 위한 것.

육체를 혹사하지 말라.
몸이 가벼워야 마음도 가볍다.

생명을 저해하는 짓만 안 해도 된다.
그러면 생명은 스스로 타올라 생동한다.
덧붙여 생명이 좋아하는 일을 하라.
충분히 쉬고, 즐겁게 살고, 운동을 하라.

신이 주신 생명을 만끽할 때, 행복과 자유는 저절로 온다.

가벼워라,
하염없이
가벼워라

더 빠른 길   ·····

구름이 뭐부터 했는가를 보라.
앞으로 달리기 전에 먼저 위로 떠올랐다.
그러느라 늦었지만, 구름보다 빠른 건 없다.
왜인가? 위로 떠올랐기 때문이다.

고개를 들어 구름이 어디에 있는가를 보라.
그곳은 산보다 높고, 장애물이 없다.
그래서 자유롭고 빠르다.

어째서 앞으로 달리려고만 하는가?
위를 보라. 거기 더 빠른 길이 있나니.
앞으로만 가지 말고, 먼저 위로 떠올라라.

초월의 날개

새는 다리가 짧다. 빨리 뛰지 못한다.

그러나 지상의 어떤 동물보다 빠르다.

동물들이 땅에서 장애물을 일일이 피하며 달릴 때, 새는 장애물이 없는 하늘을 맘껏 날기 때문이다.

짧은 다리로도 새는 그 무엇보다 빠르니, 자기가 가고픈 곳을 직선으로 날아간다. 새는 지상과 다른 차원에 존재하기 때문이다.

고로 초월의 날개를 가져라.

높은 차원에 존재하라.

단지 높은 곳이 아니라, 다른 차원에.

어째서 개미처럼 물에 막히고, 바위를 돌아가고, 진흙에 빠져 허우적대는가? 어째서 지렁이처럼 엉금엉금 기면서 여기저기 엉기는가?

지렁이가 되지 말고 새가 되라.

아집과 원망의 지면에서 떠올라, 환희와 자유의 하늘을 비행하라.

가벼이 떠올라라 .....

왜 가벼워야 하는가?
떠오르기 위해서다.

장애물을 왜 힘들게 피해서 다니는가?
장애물을 일일이 피하려니 힘든 것이다.

인생에는 무수한 장애물이 있다.
그것들과 다 싸우면서 가려는가?
그냥 가벼이 장애물 위로 떠올라라.
그럼 피하지 않아도 장애물에 걸리지 않는다.

구름이 산에 걸리지 않는 것은, 산보다 높이 떴기 때문이다.
세상보다 높이 떠라.
세상을 올려다보지 말고, 세상을 내려다보는 자가 되라.

> "상황이 좋든 나쁘든 항상 즐거우니…
> 이는 마음이 상황과 떨어져 있음이라."
>
> - 도가귀감

자신을 바꾸는 법 · · · · ·

인간은 자신을 바꿀 수 없다.
그러나 자신이 서 있는 위치는 바꿀 수 있다.
그러면 바뀐다. 시점이 변했기 때문이다.

시점이 바뀌면 사람도 바뀐다.
경험, 깨달음, 배움 등이 시점을 바꾸는 계기들이다.

초월이란 시점을 바꾸는 것.
다른 위치로 가서 바라보라.
다른 의미가 보일 것이다.

세상에 함몰되면 세상을 모른다.
자신에게 집착하면 자신을 못 본다.
문제를 파고들면 문제를 해결하지 못한다.

문제들 위로 떠올라라. 위에서 내려다보라.
이제 문제들은 그대를 휩쓸지 못한다.
그대는 변한 것이다. 올려다보던 자에서 내려다보는 자로.
내려다보는 자는 강하고 평온하며, 상황에 흔들리지 않는다.

떠오르는 법

위치에 따라 마음의 자세가 달라진다.
위에서 관조하는 자세가 되면 차분해진다.
마음에 여유가 생기고 넓은 지도가 보인다.

- 흥분하지 말고 차분하게 문제를 관조하라.
- 거리법에서 배운 대로 나를 대상과 분리시켜라.
- 위에서 내려다보는 상상을 하라. 도움이 된다.
- 늘 자신이 세상 위에 떠 있다고 생각하라.
- 가볍게 생각하고 가볍게 반응하는 자세를 견지하라.

세상의 본질은 얼마나 작고 가벼운 것인가?
거기에 수많은 생각의 무게가 더해져 무거워졌을 뿐.

그대를 뒤흔들었던 것들도 따져보면 얼마나 작은 것이냐.
그 작은 것을 그대 스스로 크게 만들었을 뿐.

떨어져서 바라보라. 무한의 작음을 알 것이다.
그대를 쓰러뜨린 태산을 다시 보라. 먼지가 보일 것이다.
덧없음을 생각하라. 영원의 짧음을 알 것이다.

네 손을 놓아라 . . . . .

어째서 떠오르지 못하는가?
땅이 너를 잡아서가 아니다. 땅에게는 손이 없다.
네가 땅을 잡고 있으므로, 하늘로 오르지 못하는 것.

날개를 저을 필요도 없다. 존재는 공기보다 가볍다.
놓기만 하라. 손을 펴기만 하라.
둥실 떠오르는 자신을 느끼리라.

집착을 놓아라. 붙잡은 것을 놓아라.
걱정 마라. 네 것이면 떠나지 않는다.
떠난다면, 네 것이 아니므로 보내는 게 맞다.

가벼운 자가 되라.
가벼운 자가…

초연함의 목적

속세를 떠나서 은둔자가 되라는 게 아니다.
초월은 적극적이고 효율적으로 生을 누리기 위함이다.

어렵게 사는 이들이 너무 많다.
잘사는 사람도 있지만, 대다수 서민의 삶은 팍팍하다.
계속 오르는 물가, 살인적인 학비, 분통 터지는 정치….

삶의 질 향상을 위해 노력하라.
그러나 먼저, 초연함을 가져라.
마음이 흔들리면 힘든 현실을 헤쳐갈 수 없다.

붙잡는다고 내 것이 되는 게 아니다.
난리를 친다고 해결되는 게 아니다.
오히려 한 발 뒤로 물러나서 상황을 정확히 살피며 차근차근 풀어갈
때, 문제가 해결되고 그대는 성장한다.

초연함은 초월에서 나오며, 마음의 안정을 지켜준다.
그 안정된 마음의 토대 위에, 견실한 삶을 쌓을 수 있다.

열정적 초연

초연함은 양 바퀴의 축과 같다.
바퀴를 단단히 잡아주고, 동력을 바퀴로 전달한다.
초연한 자가 더 힘차게 전진하는 것이다.

초연함이 없는 자는 축이 없는 바퀴와 같다.
열심히 돌지만, 제자리에서 맴도는 팽이에 불과하다.

열정과 초연함을 함께 가져라.
열정이 없으면 쓰러진다.
초연함이 없으면 흔들린다.

태양처럼, 일정한 거리에서 뜨겁게 타올라라.

날개를 펴라

본래 인간은 솜털처럼 가볍다.

탐욕과 집착과 번민을 얹어서 본인이 자신을 바위 덩어리로 만든다.

그리고 허우적거리며 가라앉는다.

마음을 늘 가볍게 하라.

마음이 무거우면 힘들어서 못산다.

그런데 사람들은 자기를 짓누르는 바위를 신줏단지처럼 모신다.

인간이란 자기가 쳐놓은 거미줄에 걸려서 서서히 죽어가는 나비.

어째서 날개를 가지고도 날지 않는가?

날개가 없어서가 아니다.

자신이 만든 고치에 갇혀있기 때문이다.

여전히 문제들과 고통이 너를 괴롭힐 것이다.

하지만 그것들이 날개를 결박한 고치는 아니다.

그것들은 네가 날개를 가지고 넘어야 할 벽일 뿐.

자유란 벽이 없는 상태가 아니라, 벽을 넘는 날개다.

날개를 묶는 것도 마음이요, 날개를 펴는 것도 마음이다.

지나친 자의식의 고치를 찢고 날개를 펴라.

자아의 우물을 빠져나와 무아의 하늘을 유영하라.

창고가 되지 말고, 통로가 되라 · · · · ·

경제적 자유도 좋다. 그러나 외적인 상황은 늘 불안하다.
마음의 자유를 먼저 가져라.

마음에 담아두지 말고 가볍게 털어내라.
들어온 것은 나가야 한다.
아니면 안에서 썩는다.

마음은 창고가 아니라 통로다.
마음에 쌓아두니 마음의 길이 막혀 답답하다.
들어온 것은 내보내라. 오래 가지고 있지 마라.
그리하여 마음이 늘 시원하게 뚫려있게 하라.

추구하되 집착하지 마라.
설령 실패해도 툭툭 털고 웃을 수 있는 가벼움이 먼저 있어야 한다.

마음에 주렁주렁 달려 있는 돌덩어리들을 끊어내라.
어디에도 매이지 마라. 마음을 기억에 묶지 마라.
그대의 마음으로, 시간이 막힘없이 지나가는 바람길이 되게 하라.
청보리밭을 거니는 바람처럼 가뿐한 나를 느끼리라.

자기 중력을 버려라

세상의 본질은 가볍다.
그런데 왜 무거운가? 그대가 잡아당기기 때문이다.

사실 무게란 없다. 무게의 실체는 힘이다.
잡아당기는 힘이다.
힘을 빼면 무게는 사라진다.

네 중심으로 잡아당기는 힘을 버려라.
아니면 세상의 무게가 고스란히 너한테 달라붙는다.
힘을 빼고 가벼워져라.
독선의 힘을 빼라. 지배욕의 힘을 빼라. 아집의 힘을 빼라.

잡아당기는 자석은 철판에 붙어서 꼼짝하지 못한다.
잡아당기는 힘을 버릴 때, 자석은 자유를 얻으리라.
자유는 힘에서 생기는 게 아니다. 힘을 빼는 것에서 생긴다.

나를 버림은 나를 위한 것.
가벼워라. 하염없이 가벼워라.

자유로부터의 자유 · · · · ·

바람의 날개를 보았는가? 바람의 날개를 가져라.
날개가 없으나 날아가고, 날개가 있으나 없는 것 같다.

바람은 가둘 수 없다. 누가 바람을 잡아서 가두겠는가?
그물을 던지면 그물 사이로 빠져나간다.
따라서 바람이 갇힌 것은 바람의 선택이 아니겠는가?
그렇듯, 바람이 된 자는 자유로부터도 자유롭다.

가장 위대한 자유는, 떠날 수 있음에도 떠나지 못하는 나약함.
그 오묘한 가벼움의 뜻을 알라.
그대가 포기한 자유보다 값진 자유가 없다.
그대가 반납한 청춘보다 빛나는 청춘은 없다.
그 희생이 누군가의 눈물을 미소로 바꿨기 때문이다.

어디까지 가벼워야 합니까?
하염없이… 하염없이 가벼워라.

네 마음에서
끝을
없애라

바람에게서 배워라

자유는 스스로 만드는 것이요, 또한 스스로 망치는 것.

세상이 빼앗은 자유보다, 스스로 잃은 자유가 훨씬 많다.

능력보다 많은 것을 탐하고, 옹졸한 아집에 빠지며, 지나간 것에 연연하지 않았던가?

얼마나 많은 밧줄로 내 손이 나를 얽어맸던가.

자신으로부터의 자유가 진정한 자유다.

바람에게서 자유를 배우라.

바람이 자유로운 것은 가볍기 때문이다.

바람이 가벼운 것은 어떤 것에도 매이지 않기 때문이다.

사랑하라. 그러나 가두지 마라. 갇힌 사랑은 죽는다.

포옹하라. 그리고 떨어져라. 그리하여 바람처럼 자유하라.

> "기러기 날아간 연못에는 그림자가 남지 않는다."
>
> - 채근담

평화다

인간에게 중요한 것은? – 내적 평화다.
가정에서 중요한 것은? – 안정적 평화다.
기업에서 중요한 것은? – 역동적 평화다.

내면에 평화가 없으면, 그대는 역량을 집중할 수 없다.
그러면 그대는 퇴보한다.
내부에 소통과 화합이 없으면, 그 조직은 도태한다.

그것이 그대가 초연해야 하는 이유다.
포용하라. 작은 일에 신경 쓰지 마라.
어떤 상황에서도 내적 평화를 지켜라.
내전 중인 나라가 잘사는 것을 본 적이 없다.

물질을 높이고 정신을 낮추는 사회에 속지 마라.
바보들이나 정신적 가치를 무시한다.
평안이 물질만으로 되더냐?
행복하고 싶다면, 정신을 물질만큼 중시하라.

행복의 3박자 · · · · ·

우리는 행복하고자 돈을 모으고 힘을 길렀다.
하지만 깨닫지 않았던가? 그것만으로는 안 된다는 것을.

물질이 충족되면 정신도 안정되리라 믿었다.
그런데 왜 정신질환과 자살률이 고공행진을 하고 있는가?
이에 나는 정신의 주체적 안정이 선결 조건임을 말한 것이다.

그렇다고 마음만으로 된다는 건 아니다.
생활비도 없다면 어떻게 행복할 수 있겠는가?
그럼에도 내가 마음을 강조하는 건, 현대 사회가 너무 물질에 치우쳤기 때문이다. 마음을 강조함으로써 균형을 맞추고자 함인 것이다.

덧붙여 사회 시스템이 뒷받침돼야 한다.
개인의 힘으로는 개인이 행복할 수 없다.
사회 정의와 복지 제도가 구비되어야 한다.

결국, 행복은 물질과 정신과 사회의 조화다.
그 3박자를 갖춰야 인간은 행복할 수 있다.

먼저 자유로워라

물질과 세상과 자아로부터 자유로워라.

그것들 없이 살라는 게 아니다.

자유란 감옥 속에 있되, 감옥에 갇히지 않는 것이다.

네 속에 먼저 자유함을 가져라.

해방이 자유를 주는 게 아니다. 자유가 해방을 준다.

물질로부터 자유롭지 않으면, 가질수록 물질의 노예가 된다.

물질로부터 자유로울 때, 비로소 그대는 물질의 주인이 된다.

자신감은 내가 가진 물질에서 나오는 게 아니다.

내 생명의 본질적 가치에서 나오는 것이다.

고로 돈이 없다고 기죽지 마라. 늘 당당하라.

세상에 휘둘리지 말고, 주체성을 지켜라.

> "진정으로 자유로운 삶, 그것이 참 행복입니다."
> - 『힐링 소사이어티를 위한 12가지 통찰』

빛은 어둠과 상관없이 빛난다　......

세상과 일정한 거리를 둬라.
세상은 휘몰아치는 소용돌이다.
어째서 그 속에 뛰어들어 허우적대는가?

네 마음이 어떤 세계에 있는가를 보라.
네 마음보다 좁은 세계에 들어가 있지 않은가?
네 마음이 좁은 게 아니라, 네 인식이 좁은 것이다.
네 마음이 세계에 들어있는가, 세계가 네 마음에 들어있는가?

작은 것이 큰 것을 품지 못한다.
갇히지 않는 방법은 그것보다 커지는 것이다.

무한한 마음을 좁고 어두운 상자에 가뒀으니, 네 생명이 살겠느냐?
부정적인 인식의 틀을 깨라. 가볍고 자유하라.
그리하여 신이 주신 생명을 구가하라.
생명은 생동하며, 생명력을 만끽하며, 살아있음을 기뻐한다.
그것이 창조주의 뜻이기 때문이다.

힘든 상황에서도 낙심하지 말고 활기차게 살아라.
우리는 빛이기 때문이다.
빛은 어둠에 굴복하지 않는다.
어둡다고 빛나지 않으면, 그게 어찌 빛이리요?

인생을 살아본 노인의 잔소리 1　. . . . .

갇힌 생명은 살지 못한다.
살기 위해 그대는 자유로워야 한다.
고로 자신을 답답하고 좁은 곳에 가두지 마라.
사랑과 용서 같은 드넓은 곳에 갇혀라.
바다에 갇힌 물고기보다 자유로운 존재를 보았는가?

나를 아프게 하는 기억은, 내가 이루지 못한 것들이 아니다.
내가 품어주지 못한 이들이 내 심장을 지금도 아프게 한다.
그때는 내가 좁아서 그들의 눈물을 품어주지 못했다.

강이 모여 바다가 되는 것을 보라.
그것보다 넓어지는 방법은 그것을 품는 것이다.
작은 것부터 품어서 조금씩 넓어져라.
호수를 품으면 호수보다 넓어질 것이요,
사막을 품으면 사막으로 인해 목마르지 않을 것이다.
더는 사막이 너를 가두지 못하기 때문이다.

바다가 많은 것을 품고도 넘치지 않는 것을 보라.
먼저 마음에 바다를 품어라. 그러면 모든 것을 품으리라.

> "강은 하류로 가면서 느려진다.
> 그런데 그 물을 막기란 더 어렵다."
>
> - 고자

인생을 살아본 노인의 잔소리 2   · · · · ·

결과가 중요하다지만, 결과에 집착하진 마라.
인생의 99%는 결과가 아니라 과정이다.
과정을 즐겨야 인생의 99%를 즐길 수 있다.

과욕으로 무거워지지 말고, 적당한 소유로 만족하라.
인간의 욕심은 끝이 없다.
욕심이 문제가 아니라, 욕심의 배정이 문제다.
상승 및 확장에 욕심을 다 쏟지 말고, 향유에도 욕심을 배정하라.
아니면 몸집만 키우다가 죽는다.

장사를 해본 사람은 알겠지만, 벌이가 일정하지 못하다. 임대료를 비롯한 제반 비용이 늘 걱정이고, 그러다 보면 욕심이 난다. 내 동창도 가게를 계속 확장하다가 망한 경우가 있다.
가볍게 살기를 원한다면, 어느 정도 선에서 만족할 줄 알아야 한다.

우리 서민들은 가족 먹여 살리고 자식 키우느라 여념이 없다. 온종일 일에 치이는데 무슨 여유가 있겠냐고 반문할지 모른다.
하지만 따져보면 거기에도 욕심은 있다.
여유란 꽉 채워서 만드는 게 아니라, 조금을 비워서 얻는 것이다.
어느 정도 갖췄으면 조금씩 즐기고 나누는 시간을 가져라.

인생의 모든 것을 즐겨라. 역경도 마음이 가벼우면 즐길 수 있다.
늘 긍정적으로 생각하라. 가벼운 마음이 행복이다.

초월의 눈   · · · · ·

자유는 떠나기 위함이 아니다. 자유는 머물기 위함이다.
자유는 독립이 아닌 공존의 조건이다.

초월은 분리가 아니다. 초월은 진정한 연합이다.
초월은 가볍게 하고, 가벼움은 자유를 준다.
자유는 언제나 본질을 향한다. (그럴 때만 진정한 자유다.)

깊은 눈을 가져라. 표피 속에 도사린 것들을 보라.
추악한 세상은 아름다움으로 가득 차있다.
단단한 흉곽 속에 연약한 심장이 뛰고 있다.

나의 삶은 단 하나의 無의미도 만나지 못할 것이다.
나는 의미를 찾는 자가 아니라, 의미를 만드는 자이기 때문이다.

생의 무수한 부정 속에서 생을 긍정하라.
불충분한 자유 속에서 불완전한 생명을 만끽하라.

자신을 초월하라 . . . . .

인생은 바람에 날리는 겨와 같다.
너무 연연하지 마라. 너무 심각하게 살지 마라.
인생이 무가치하지는 않지만, 그렇다고 절대적인 것도 아니다.
언젠가 지상의 삶은 끝나고, 네 존재는 연기처럼 사라진다.

삶에 너무 집착하지 마라. 세상과 나의 관계는 영원하지 않다.
인생을 하찮게 여기는 것도 잘못이지만, 인생에 과도한 가치를 부여
하는 것도 잘못이다.

세상을 가볍게 여길 줄도 알아야 한다.
자신의 삶을 담담하게 바라볼 줄도 알아야 한다.

자신에게 너무 갇혀 있지 마라.
인간들은 자신의 밖에 있는 거대한 세계를 모른다.
나에게서 벗어나라. 그럴 때, 가벼운 나를 만나리라.

초월은 현실로부터의 도피가 아니다   · · · · ·

무골호인이 되라는 게 아니다.
자신의 권리를 당당히 요구하라. 노력의 대가를 뺏기지 마라.
정당한 권리를 찾는 것은 추잡한 욕심이 아니다.

초월은 무욕이 아니다. 무감정, 무반응도 아니다.
오히려 초월자는 세상과 활발히 교통한다.
대상에 얽매이지 않음으로써 대상과 능동적으로 교통하는 것.

물에 빠지면 물살에 떠내려갈 수밖에 없다.
불 속에 들어가면 불에 타서 없어진다.
초월은 주체성을 지키면서 대상과 교통하는 길인 것이다.

나비가 날개를 가진 것은 꽃에게서 떠나기 위함이 아니다.
꽃에게로 다가가기 위함이다.

세계와 거리를 둠으로써 세계에 접근하라.
초월이 그대를 세계의 중심으로 이끌리라.

넓은 세계에 서라 ·····

갇힌 자는 안에서 밖을 본다.
그는 아무것도 볼 수 없다. 자기를 가둔 벽 밖에는.
그래서 갇힌 자는 좌절할 수밖에 없다.

그러나 자유로운 자는 밖에서 안을 본다.
그것은 엄청난 차이다.
넓은 세계에서 좁은 세계를 보느냐.
좁은 세계에서 넓은 세계를 보느냐.

자유자도 삶의 무게를 짊어지는 것은 똑같다.
존재의 무게로부터 자유로운 존재는 없다.
무게는 존재의 특성이며, 무게가 없으면 존재가 아니기 때문이다.

하지만 그의 발이 어떤 세계에 있느냐는 다르다.
넓은 세계에 서 있는 자가 되라.
넓은 세계는 요동치 않으며, 전체를 보며, 헛것에 휩쓸리지 않는다.
그대가 자유로워야 하는 이유다.

사랑만이 자유를 제한한다 · · · · ·

자유자는 넓은 세계에 있는 자다.
초월자는 높은 세계에 있는 자다.

넓은 세계에서 넓은 것을 보지 마라.
높은 세계에서 높은 것을 보지 마라.

넓은 세계에서 좁은 세계를 들여다보라.
높은 세계에서 낮은 세계를 내려다보라.

사랑 때문이다.

마음에서 끝을 없애라

. . . . .

세계가 개체를 결정한다.
무한한 존재도 유한한 세계에서는 유한하다.

집착과 분노와 원망을 버려서 가벼워져라.
구름처럼 떠올라 바람처럼 활보하라.

육체는 막혔을지언정, 마음은 무한의 세계로 들어가라.
진흙에 빠져서 꼼지락대지 말고, 무한한 우주를 관통하라.

서랍에 사는 자는 양말과 다투다가 죽을 것이다.
우주를 거니는 자는 별들과 노래할 것이다.

네 마음에서 끝을 없애라.